Salate

ZABERT SANDMANN

Inhalt

Radicchio, Frisée & Co.
Verführerische Vielfalt

Salate kommen nie aus der Mode. Noch vor wenigen Jahren nur als Beilagensalat für das obligatorische Fleischgericht geschätzt, haben sie sich inzwischen ihren Stammplatz als eigenständiges Hauptgericht nicht nur bei ernährungsbewussten Genießern erobert. Denn was kann vielfältiger zubereitet, fantasievoller kreiert und optisch farbenfroher in Szene gesetzt werden als Salate, deren Auswahl an Zutaten unbegrenzt scheint? Das, was man früher unter Salat verstand, nämlich der heimische Kopfsalat mit Gemüse aus dem Garten wie Radieschen, Möhren oder Zwiebeln, ist längst überholt worden durch ein Riesenangebot an Produkten, die inzwischen in aller Munde sind. Wer kannte vor 20 Jahren schon Rucola, Chicorée oder Pak-Choi, um nur einige zu nennen. Erzeugnisse aus nahen und fernen Ländern haben auf den Gemüsemärkten längst Einzug gehalten und bereichern den Speisezettel um ein Vielfaches. Zu Salaten lässt sich fast alles verarbeiten. Neben den klassischen Blattsalaten auch verschiedenste Gemüse, die blanchiert oder mariniert mit Fisch, Fleisch, Nudeln, Reis oder Couscous kombiniert werden. Und natürlich auch heimische und exotische Früchte, die oftmals vollkommen neue Geschmackserlebnisse offenbaren.

1

ROTE ZWIEBELN (links) sehen mit ihrer roten Schale sehr dekorativ aus. Sie sind leicht süßlich und im Gegensatz zu den braunen Haushaltszwiebeln eher mild im Geschmack.

1 **BROKKOLI** wird auch Spargelkohl genannt. Wegen seines hohen Kohlenhydrat- und Eiweißgehalts zählt er zu den gesündesten und besonders leicht verdaulichen Gemüsesorten.

2 **AVOCADOS** besitzen ein zartgrünes und cremiges Fruchtfleisch. Da es an der Luft schnell bräunt, sollte man sofort Zitronensaft darüber träufeln.

3 **ESSIGE UND ÖLE** guter Qualität sind die klassischen Zutaten für Salatsaucen. Am häufigsten wird eine Vinaigrette aus Olivenöl und Weißweinessig

2

3

oder dunklem Aceto balsamico gerührt. Der hellere Balsamico bianco hat den Vorteil, Salatzutaten nicht dunkel zu verfärben.

4 **FEIGEN** schmecken frisch am besten. Es gibt die grünen, leicht säuerlichen und die violetten, etwas süßeren Früchte.

5 **FRISÉESALAT** wird mit seinen krausen Blättern gern zum Garnieren verwendet oder unter andere Salate gemischt. Achtung: Das gelbe Herz des Salats fault sehr schnell.

6 **PAPAYA** hat eine grüne bis gelbe Schale und orangerotes Fruchtfleisch. Geschmacklich lässt sie sich zwischen Melone und Aprikose einordnen.

7 **FELDSALAT**, auch Ackersalat oder Rapunzel, hat weiche zarte Blätter und ist leicht würzig im Geschmack. Er ist unempfindlich gegen Frost und deshalb als Wintersalat geeignet.

4

5

6

FENCHEL passt mit seinem leichten Anisgeschmack gut zu Früchten. Er kann roh und hauchdünn aufgeschnitten oder aber gedünstet verwendet werden. Fenchelgrün wird gern zum Garnieren genutzt.

7

GRAPEFRUIT zählt zu den größten Zitrusfrüchten. Es gibt sie weißfleischig mit gelber Schale und rosafleischig mit gelbrötlicher Schale.

KÜRBIS unterscheidet man in Sommer- und Winterkürbis. Zu den Sommerkürbissen mit weichem Fleisch zählen beispielsweise Zucchini. Winterkürbis hat eine harte orangefarbene Schale mit leicht faserigem Fruchtfleisch.

LOLLO ROSSO und Lollo biondo zählen zu den Pflück- und Schnittsalaten. Sie haben offene Köpfe mit leicht krausen Blättern von fester Struktur und herbem Geschmack.

MANGO ist eine Steinfrucht mit saftigem goldgelbem Fleisch, mit etwas faseriger Struktur. Den Geschmack von Mangos kann man wie eine Mischung aus Pfirsich und Pinienkernen beschreiben.

PHYSALIS (oder Kapstachelbeeren) sind orangerote kirschgroße Früchte mit säuerlichem Geschmack. Sie sind in einer papierdünnen, trockenen Hülle verborgen. Man kann sie roh verzehren oder zu Püree, Eis und Kompott verarbeiten.

RADICCHIO hat feste, runde violette Köpfe mit weißen Blattadern. Die Blätter schmecken leicht bitter, verlieren aber die Bitterstoffe, wenn man sie in warmes Wasser legt. Sie schmecken auch leicht gedünstet sehr gut.

Step by Step

Auf die Frische kommt es an

Echte Salat-Fans geben sich mit nur einer Salatsorte längst nicht mehr zufrieden: Es sollte schon ein bunter Mix sein! Allerdings garantieren die vielfältigen Zutaten allein noch keinen Genuss. Das A und O in der Salat-Küche sind die Frische und Qualität der Produkte. Als goldene Regel für Blattsalate gilt: je frischer und knackiger die Blätter, umso aromatischer und vitaminreicher der Salat. Wichtig ist auch, die Marinade erst zum Schluss unter den Salat zu mischen und diesen dann sofort zu servieren. Denn ein noch so gut angemachter Salat kann nicht schmecken, wenn die Blätter nicht mehr knackig sind. Eine der klassischen Salatsaucen ist die Vinaigrette, eine würzige Essig-Öl-Mischung, die sich mit etwas Fantasie vielfältig abwandeln lässt. Eine Vinaigrette gelingt leicht, wenn man hochwertige Essig- und Ölsorten verwendet und bei der Zubereitung darauf achtet, dass zunächst die Gewürze mit dem Essig verrührt werden und erst dann nach und nach das Öl untergeschlagen wird. Für Figurbewusste sind Dressings aus Milchprodukten ideal. Ob Sie sich dabei für Joghurt, Schmand oder auch saure Sahne entscheiden, das bleibt ganz Ihrem Geschmack überlassen.

Feldsalat putzen

1 Von dem Feldsalat die kleinen Wurzeln mit einem Messer so abschneiden, dass die Blätter noch zusammenhalten. Welke Blätter entfernen.

2 Den Salat in reichlich kaltem Wasser waschen. Den Salat herausheben und das Wasser erneuern. So oft wiederholen, bis der Salat sauber ist.

3 Den geputzten Salat trockenschleudern oder in einem Sieb abtropfen lassen. Den gewaschenen Salat nicht lange stehen lassen, sonst gehen die Vitamine verloren.

Ananas vorbereiten

1 Von der Ananas den unteren Stielansatz und die Blattkrone mit einem Messer so abschneiden, dass das gelbe Fruchtfleisch sichtbar wird.

2 Die Frucht aufstellen und die Schale von oben nach unten abschneiden. »Augen« mit einem spitzen Messer herauslösen.

3 Die Ananas der Länge nach halbieren und den inneren harten Kern herausschneiden. Anschließend das Fruchtfleisch beliebig in Stücke teilen.

Vinaigrette zubereiten

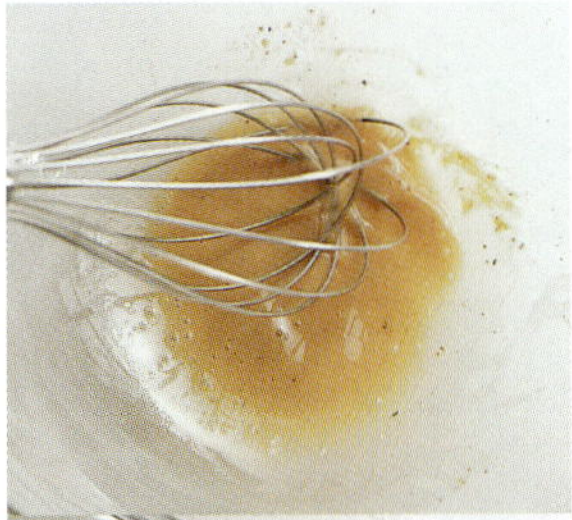

1 In einer Schüssel Salz, Pfeffer, Senf und Essig mit einem kleinen Schneebesen so lange verrühren, bis sich das Salz vollständig aufgelöst hat.

2 Unter ständigem Rühren nun nach und nach das Öl unterschlagen, bis eine cremige Sauce entstanden ist.

3 Als Variante zusätzlich 1 TL flüssigen Honig und 1 TL Aceto balsamico unter die Vinaigrette rühren.

4 Oder als weitere Variante die Hälfte des Öls durch Walnussöl ersetzen und gehackte Nüsse darunter mischen.

Chicorée vorbereiten

1 Die Chicoréestauden waschen, der Länge nach halbieren und den Strunk mit einem Messer keilförmig herausschneiden.

2 Die Chicoréehälften mit den Schnittflächen nach unten auf ein Brett legen und in der gewünschten Breite in Streifen schneiden.

Salatsauce aus Milchprodukten

1 Den Joghurt (oder ein anderes Milchprodukt nach Wahl) mit Salz, Pfeffer und Senf verrühren. Dann mit Zitronensaft abschmecken.

2 Nach Belieben etwas Öl hinzufügen und alles zu einer glatten Creme verrühren. Zum Schluss fein gehackte Zitronenmelisse untermischen.

3 Als Variante die Melisse durch andere gehackte Kräuter wie Petersilie oder Basilikum ersetzen und noch Zwiebelwürfel mit unterrühren.

4 Als exotische Variante Kräuter durch 1 TL fein geriebenen Ingwer ersetzen und die Salatsauce dann mit 1 TL Currypulver abschmecken.

Blatt- und Gemüsesalate

Rucolasalat
mit Zitrusfrüchten

In perfekter Begleitung: Fein säuerliche Zitrusfrüchte und nussiger Rucola präsentieren sich hier als kulinarisches Traumpaar

Zutaten

2 Bund Rucola

1 Orange

1 rosa Grapefruit

1 Zitrone

1 EL Honig

2 EL weiße Sesamsamen

je 1 EL Sesam- und Olivenöl

Salz · Pfeffer aus der Mühle

Zubereitung

FÜR 4 PERSONEN

1 Den Rucola verlesen und grobe Stiele entfernen. Die Blätter in reichlich kaltem Wasser gründlich waschen, trockenschleudern und nach Belieben in mundgerechte Stücke zupfen.

2 Die Orange, die Grapefruit und die Zitrone mit einem scharfen Messer so großzügig schälen, dass auch die weiße Haut mit entfernt wird. Die Fruchtfilets aus den Trennhäuten herauslösen, dabei den austretenden Saft auffangen. Für die Marinade den Fruchtsaft mit dem Honig und dem Sesam in einem kleinen Topf bei schwacher Hitze erwärmen.

3 Den Rucola mit den Orangen- und den Grapefruitfilets auf Tellern oder in einer Salatschüssel anrichten. Die Zitronenfilets in feine Würfel schneiden und über den Salat streuen.

4 Die lauwarme Honig-Sesam-Marinade mit dem Sesam- und dem Olivenöl verrühren und mit Salz und Pfeffer würzen. Die Marinade über den Salat träufeln und sofort servieren. Nach Belieben frisch aufgebackenes Pitabrot dazu reichen.

Tipp

Experimentierfreudige verfeinern die Marinade noch mit 1 EL Ramazotti, dem bekannten italienischen Kräuterlikör. Seine herbe Note rundet perfekt den nussigen Geschmack des Salats ab.

Feldsalat

mit Käsecroûtons

Nicht nur optisch ein Genuss: Die würzig-pikanten Croûtons geben der Kombination aus Salat und Äpfeln den richtigen Kick

Zutaten

150 g Feldsalat
200 g Champignons
1 großer rotschaliger Apfel (z.B. Braeburn)
1 EL Apfelessig
2 EL Orangensaft
1 TL Dijon-Senf · Zucker
Salz · Pfeffer aus der Mühle
3 EL Olivenöl
40 g Walnusskernhälften
3 Scheiben Schwarzbrot
75 g Gorgonzola

Zubereitung

FÜR 4 PERSONEN

1 Den Feldsalat putzen, in reichlich kaltem Wasser gründlich waschen und trockenschleudern. Die Champignons putzen, mit Küchenpapier trocken abreiben und in Scheiben schneiden.

2 Den Apfel waschen, vierteln und das Kerngehäuse entfernen. Die Apfelviertel der Länge nach in dünne Spalten schneiden.

3 Für die Vinaigrette den Essig und den Orangensaft mit Senf, Zucker, Salz und Pfeffer verrühren, nach und nach das Olivenöl unterschlagen.

4 Den Feldsalat, die Pilze und die Apfelspalten auf Teller oder Schälchen verteilen und mit der Vinaigrette beträufeln. Den Salat mit den Walnusskernen bestreuen.

5 Den Backofengrill einschalten. Die Brotscheiben nach Belieben entrinden und diagonal vierteln. Den Gorgonzola in Stücke schneiden und auf den Brotecken verteilen. Die Brote unter dem Grill auf der mittleren Schiene etwa 2 Minuten rösten, bis der Käse zu schmelzen beginnt. Die Käsecroûtons auf dem Salat anrichten.

Tipp

Besonders aromatisch schmecken die Walnusskerne, wenn man sie kurz in einer beschichteten Pfanne ohne Fett anröstet. Statt Gorgonzola können Sie auch 75 g Ziegenkäse für die Croûtons verwenden.

Endiviensalat

mit Äpfeln und Speck

Zutaten

1 Endiviensalat

2 Zwiebeln

3 rotschalige Äpfel

(z.B. Braeburn)

1 EL Zitronensaft

150 g geräucherter Speck

3 EL Weißweinessig

1/8 l Gemüsebrühe

1 TL scharfer Senf

Salz · Pfeffer aus der Mühle

2 EL Öl

1/2 Bund Majoran

Zubereitung

FÜR 4 PERSONEN

1 Den Endiviensalat putzen, in reichlich kaltem Wasser gründlich waschen, trockenschleudern und in mundgerechte Stücke zupfen.

2 Die Zwiebeln schälen und in feine Würfel schneiden. Die Äpfel waschen, vierteln und die Kerngehäuse entfernen. Die Apfelviertel in dünne Spalten schneiden, mit Zitronensaft beträufeln.

3 Den Speck in Würfel schneiden und in einer beschichteten Pfanne ohne Fett knusprig anbraten. Die Zwiebeln dazugeben und etwa 3 Minuten mitbraten. Anschließend herausnehmen und die Apfelspalten zur Speck-Zwiebel-Mischung geben.

4 Für die Vinaigrette den Essig mit der Brühe, Senf, Salz und Pfeffer verrühren, nach und nach das Öl unterschlagen. Den Majoran waschen und trockenschütteln. Die Blättchen von den Stielen zupfen und unterrühren.

5 Den Salat mit der Apfel-Speck-Mischung und der Vinaigrette vermischen und nochmals abschmecken. Nach Belieben mit Majoranzweigen garniert servieren.

Caesar-Salat
mit Knoblauchbaguette

Zutaten

8–12 kleine Scheiben Baguette
2–3 Knoblauchzehen · 6 EL Öl
1 großer Romanasalat
(ca. 500 g)
3–4 EL Zitronensaft
1 TL Dijon-Senf · Zucker
1 EL gemahlene Mandeln
Salz · Pfeffer aus der Mühle
6 EL Olivenöl
4 EL Sahne
40 g Parmesan (am Stück)

Zubereitung

FÜR 4 PERSONEN

1 Die Baguettescheiben nach Belieben entrinden. Den Knoblauch schälen und fein hacken. Das Öl in einer großen Pfanne erhitzen und den Knoblauch darin anbraten, die Brotscheiben dazugeben und auf beiden Seiten goldbraun rösten.

2 Den Romanasalat putzen, in reichlich kaltem Wasser gründlich waschen und trockenschleudern. Die Blätter nach Belieben in mundgerechte Streifen schneiden.

3 Für das Dressing den Zitronensaft mit dem Senf, 1 Prise Zucker, den Mandeln, Salz und Pfeffer verrühren, nach und nach das Olivenöl unterschlagen. Zum Schluss die Sahne unterrühren und das Dressing nochmals abschmecken.

4 Den Salat in Schälchen anrichten und das Dressing darüber verteilen. Den Parmesan mit dem Sparschäler in groben Spänen über den Salat hobeln. Den Caesar-Salat mit dem gerösteten Knoblauchbaguette servieren.

Bataviasalat
mit Orangenfilets

Ein bunter Vitamin-Mix: Knackige Radieschen, saftige Orangen und frische Salatblätter sind nicht nur für die schlanke Linie gut

Zutaten

1 Bataviasalat

4 Orangen

1 rote Zwiebel

1/2 Bund Radieschen

2 EL Weißweinessig

1/2 TL Senf

Salz · Pfeffer aus der Mühle

3 EL Olivenöl

Zubereitung

FÜR 4 PERSONEN

1 Den Bataviasalat putzen, in reichlich kaltem Wasser gründlich waschen und trockenschleudern. Einige Blätter beiseite legen, die restlichen in mundgerechte Stücke zupfen.

2 Die Orangen mit einem scharfen Messer so großzügig schälen, dass auch die weiße Haut mit entfernt wird. Die Fruchtfilets aus den Trennhäuten herauslösen, dabei den austretenden Saft auffangen.

3 Die Zwiebel schälen und in feine Ringe schneiden. Die Radieschen putzen, waschen und in dünne Scheiben schneiden oder hobeln.

4 Für die Vinaigrette den Essig mit dem Senf, Salz, Pfeffer und etwa 3 EL Orangensaft verrühren, nach und nach das Olivenöl unterschlagen. Den zerkleinerten Salat, die Zwiebelringe und die Radieschenscheiben mit der Vinaigrette vermischen.

5 Eine Salatschüssel mit den beiseite gelegten Salatblättern auslegen und den Salat mit den Orangenfilets darauf anrichten.

Tipp

Bis vor einigen Jahre gehörte der Bataviasalat noch zu den Exoten am Gemüsestand, inzwischen wird er auch hier in Deutschland angebaut. Im Kühlschrank hält er sich einige Tage frisch.

Romanasalat
mit Avocado und Sprossen

Dressing einmal anders: Statt Essig und Öl kommen hier saure Sahne, erfrischende Zitrussäfte und indonesische Würzsauce zum Einsatz

Zutaten

200 g Romanasalat
100 g Sojabohnensprossen
200 g Cocktailtomaten
1 Avocado
4 EL saure Sahne
je 6 EL Zitronen- und Orangensaft
Salz · Sambal Oelek

Zubereitung

FÜR 2 PERSONEN

1 Den Romanasalat putzen, in reichlich kaltem Wasser gründlich waschen und trockenschleudern. Die Blätter in Streifen schneiden und auf Tellern anrichten.

2 Die Sojasprossen in einem Sieb mit kochendem Wasser übergießen, kalt abschrecken und abtropfen lassen. Die Cocktailtomaten waschen und in Scheiben schneiden.

3 Die Avocado halbieren und den Stein entfernen. Die Avocadohälften schälen und das Fruchtfleisch in Scheiben schneiden. Die Sojasprossen, die Tomaten- und die Avocadoscheiben auf dem Salat verteilen.

4 Für das Dressing die saure Sahne mit dem Zitronen- und Orangensaft verrühren, mit Salz und Sambal Oelek abschmecken. Den Salat mit dem Dressing beträufeln und servieren.

Tipp

Sambal Oelek ist eine indonesische Würzsauce, bei der Vorsicht geboten ist – die Sauce ist höllisch scharf! Wer mag, kann je 4 EL Frühlingszwiebelringe und Schnittlauchröllchen unter den Salat mischen.

Rucolasalat
mit Ziegenkäsenocken

Zutaten

4 EL Pinienkerne

200 g Ziegenfrischkäse

2 TL getrockneter Oregano

5 EL Olivenöl

Pfeffer aus der Mühle

150 g Rucola

250 g Erdbeeren

1 Schalotte

1 TL Butter

2 EL Aceto balsamico

$^1/_2$ TL Senf · Salz

Zubereitung

FÜR 4 PERSONEN

1 Die Pinienkerne in einer beschichteten Pfanne ohne Fett goldbraun rösten. Anschließend den Ziegenfrischkäse in einer kleinen Schüssel mit der Hälfte der Pinienkerne, dem Oregano, 1 EL Olivenöl und etwas Pfeffer gut verrühren.

2 Den Rucola verlesen und grobe Stiele entfernen. Die Blätter in reichlich kaltem Wasser gründlich waschen, trockenschleudern und nach Belieben in Stücke zupfen. Die Erdbeeren waschen, putzen und achteln. Die Schalotte schälen und in feine Würfel schneiden. Die Butter in einer kleinen Pfanne zerlassen und die Schalottenwürfel darin glasig dünsten.

3 Für die Vinaigrette den Essig mit dem Senf, Salz und Pfeffer verrühren, nach und nach das restliche Olivenöl unterschlagen. Zum Schluss die Schalottenwürfel dazugeben.

4 Den Rucola und die Erdbeeren auf Tellern anrichten. Aus der Käsecreme mithilfe von zwei Esslöffeln Nocken abstechen und auf dem Salat verteilen. Die Vinaigrette darüber träufeln und den Salat mit den restlichen gerösteten Pinienkernen bestreuen.

Romanasalat
mit Käsedressing

Zutaten

1 Romanasalat

1 Bund Radieschen

150 g kleine Champignons

1 EL Zitronensaft

60 g Roquefort

150 g Naturjoghurt

Salz · Pfeffer aus der Mühle

Zubereitung

FÜR 4 PERSONEN

1 Den Romanasalat putzen, in reichlich kaltem Wasser gründlich waschen, trockenschleudern und in breite Streifen schneiden.

2 Die Radieschen putzen, waschen und in dünne Scheiben schneiden oder hobeln. Die Champignons putzen und mit Küchenpapier trocken abreiben. Ebenfalls in dünne Scheiben schneiden und sofort mit dem Zitronensaft beträufeln.

3 Für das Dressing den Roquefort mit einer Gabel zerdrücken. Den Käse mit dem Joghurt in einer kleinen Schüssel glatt rühren und das Dressing mit Salz und Pfeffer abschmecken.

4 Den Romanasalat mit den Radieschen- und den Champignonscheiben vermischen und auf Teller verteilen. Den Salat mit dem Käsedressing beträufeln und servieren.

Bunter Salat
mit gerösteten Süßkartoffeln

Ein Hauch von Exotik: Süßkartoffeln sind in diesem Salat der Star, aber auch die Nebendarsteller sind nicht zu verachten

Zutaten

300 g gemischte Salatblätter (z. B. Eichblatt, Kopfsalat, Batavia, Rucola)
300 g Cocktailtomaten
1 kleine Salatgurke
4 kleine Süßkartoffeln
100 ml Olivenöl
3 EL Aceto balsamico
1/2 TL Senf · 1 TL Salz
150 g Macadamianusskerne

Zubereitung

FÜR 4 PERSONEN

1 Die Salatblätter putzen, in reichlich kaltem Wasser gründlich waschen, trockenschleudern und in mundgerechte Stücke zupfen. Die Cocktailtomaten waschen und halbieren. Die Gurke putzen, waschen oder nach Belieben schälen, in dünne Scheiben schneiden oder hobeln.

2 Die Süßkartoffeln schälen, waschen und in dünne Scheiben schneiden. Die Scheiben halbieren und mit Küchenpapier trockentupfen. In einer Pfanne 4 EL Olivenöl erhitzen und die Süßkartoffelscheiben darin unter Rühren etwa 8 Minuten goldbraun braten.

3 Für die Vinaigrette den Essig mit dem Senf und Salz verrühren, nach und nach das restliche Olivenöl unterschlagen.

4 Die Salatblätter mit den Cocktailtomaten, den Gurkenscheiben und den noch heißen Kartoffeln vermischen und auf Tellern anrichten. Den Salat mit der Vinaigrette beträufeln, die Macadamianüsse grob hacken und darüber streuen.

Tipp

Süßkartoffeln, auch Bataten genannt, stammen ursprünglich von den malaiischen Inseln. Die länglichen Knollen sind sehr stärkehaltig und werden wie unsere heimischen Kartoffeln zubereitet.

Kräutersalat
mit gegrilltem Ziegenkäse

Eine Kreation mit Überraschungseffekt: Gegen diesen raffinierten Salat mit Heidelbeeren und Ziegenkäse ist kein Kraut gewachsen

Zutaten

80 g gemischte Kräuter
(z. B. Kerbel, Petersilie, Estragon)
1 kleines Bund Brunnenkresse
125 g Heidelbeeren
3 EL Estragonessig
1 TL grobkörniger Dijon-Senf
3 TL Ahornsirup
Salz · Pfeffer aus der Mühle
7 EL Olivenöl · 1 Schalotte
2 Knoblauchzehen
2 kleine runde Ziegenfrischkäse
(à 40 g, z. B. Picandou frais)

Zubereitung

FÜR 2 PERSONEN

1 Die Kräuter und die Brunnenkresse waschen und trockenschütteln, die Blättchen von den Stielen zupfen. Die Heidelbeeren verlesen, waschen und trockentupfen. Je nach Größe halbieren und mit den Kräutern in einer Schüssel vermischen.

2 Für die Vinaigrette den Essig mit dem Senf, 1 TL Ahornsirup, Salz und Pfeffer verrühren, nach und nach 6 EL Olivenöl unterschlagen. Die Schalotte schälen und in feine Würfel schneiden. Die Schalottenwürfel unter die Vinaigrette rühren.

3 Den Knoblauch schälen und in dünne Scheiben schneiden. Das restliche Olivenöl in einer kleinen Pfanne erhitzen und die Knoblauchscheiben darin goldbraun rösten.

4 Den Backofengrill einschalten. Den Ziegenfrischkäse mit dem restlichen Ahornsirup bestreichen, auf ein mit Backpapier ausgelegtes Backblech legen und den Sirup unter dem Grill etwa 2 Minuten karamellisieren lassen.

5 Den Kräutersalat mit der Vinaigrette vermischen und auf Tellern anrichten. Den karamellisierten Ziegenkäse darauf setzen und die gerösteten Knoblauchscheiben über den Salat streuen.

Tipp

Ziegenfrischkäse ist besonders mild im Geschmack. Wer es gern etwas kräftiger mag, kann zum Kräutersalat einen reifen Sainte-Maure (ebenfalls aus Ziegenmilch) servieren, der ein pikanteres Aroma hat.

Herbstsalat

mit Weintrauben

Zutaten

300 g bunte Salatblätter
(z. B. Eichblattsalat, Radicchio,
Lollo rosso, roter Batavia,
Frisée)
je 100 g helle und
blaue Weintrauben
1 kleine Birne
je 1 EL Apfel- und Sherryessig
1 TL Birnendicksaft
Salz · Pfeffer aus der Mühle
je 2 EL Oliven- und Walnussöl
2 EL Walnusskernhälften
40 g Parmesan (am Stück)

Zubereitung

FÜR 4 PERSONEN

1 Die Salatblätter putzen, in reichlich kaltem Wasser gründlich waschen, trockenschleudern und in mundgerechte Stücke zupfen.

2 Die Trauben waschen und halbieren, nach Belieben die Kerne entfernen. Die Birne waschen, vierteln und das Kerngehäuse entfernen. Die Birnenviertel in dünne Spalten schneiden.

3 Für die Vinaigrette beide Essigsorten mit dem Birnendicksaft, Salz und Pfeffer verrühren, nach und nach das Oliven- und das Walnussöl unterschlagen. Anschließend die Vinaigrette nochmals abschmecken.

4 Die Walnüsse in einer beschichteten Pfanne ohne Fett anrösten. Die Salatblätter gut mit der Vinaigrette vermischen und auf Teller verteilen. Die Traubenhälften, die Birnenspalten und die gerösteten Walnüsse darauf anrichten. Zum Schluss den Parmesan mit dem Sparschäler in groben Spänen über den Salat hobeln.

Sommersalat
mit Radieschen

Zutaten

300 g grüne Salatblätter
(z. B. Lollo biondo, grüner
Batavia, Kopf- und Romanasalat)
1 Bund Radieschen
1 Salatgurke
1 gelbe Paprikaschote
2 hart gekochte Eier
je 1 EL Weißwein- und
Estragonessig
1 TL Dijon-Senf
Salz · Pfeffer aus der Mühle
4 EL Olivenöl

Zubereitung

FÜR 4 PERSONEN

1 Die Salatblätter putzen, in reichlich kaltem Wasser gründlich waschen, trockenschleudern und in mundgerechte Stücke zupfen.

2 Die Radieschen putzen, waschen und in dünne Scheiben schneiden. Die Gurke putzen, waschen und ebenfalls in dünne Scheiben schneiden.

3 Die Paprikaschote der Länge nach halbieren, entkernen, waschen und in sehr feine Streifen schneiden oder hobeln. Die hart gekochten Eier pellen und achteln.

4 Für die Vinaigrette beide Essigsorten mit Senf, Salz und Pfeffer verrühren, nach und nach das Olivenöl unterschlagen. Zum Schluss die Vinaigrette nochmals abschmecken.

5 Die Salatblätter, die Radieschen- und die Gurkenscheiben und die Paprikastreifen mit der Vinaigrette vermischen. Den Salat auf Teller verteilen, mit den Eierachteln belegen und nach Belieben mit Kapuzinerkresseblüten und Radieschen garniert servieren.

Birnensalat
mit Roquefort und Mandeln

Pikant und herrlich erfrischend: Dieser Salat besticht durch den Mix aus würzigem Käse, frischen Birnen und feinen Mandelblättchen

Zutaten

je 70 g Friséesalat,
Lollo rosso und Rucola
3 Birnen
(z. B. Williams Christ)
70 g Mandelblättchen
150 g Roquefort
2 EL Balsamico bianco
1 TL weißes Mandelmus
(aus dem Reformhaus)
Salz · Pfeffer aus der Mühle
4 EL Walnuss- oder Olivenöl
2 EL Schnittlauchröllchen

Zubereitung

FÜR 4 PERSONEN

1 Die Blattsalate putzen, in reichlich kaltem Wasser gründlich waschen, trockenschleudern und in mundgerechte Stücke zupfen. Den Rucola verlesen und grobe Stiele entfernen. Die Blätter in reichlich kaltem Wasser gründlich waschen und trockenschleudern.

2 Die Birnen waschen, halbieren und die Kerngehäuse entfernen. Die Birnenhälften der Länge nach in Spalten schneiden. Die Mandelblättchen in einer beschichteten Pfanne ohne Fett goldbraun rösten. Den Roquefort grob zerbröckeln oder in kleine Würfel schneiden.

3 Für die Vinaigrette den Essig mit dem Mandelmus, 2 EL Wasser, Salz und Pfeffer verrühren, nach und nach das Walnuss- oder Olivenöl unterschlagen. Zuletzt die Schnittlauchröllchen unterrühren.

4 Die Blattsalate, den Rucola, die Birnenspalten und die Käsewürfel auf Teller verteilen. Den Salat mit der Vinaigrette beträufeln und mit den gerösteten Mandelblättchen bestreut servieren.

Tipp

Mandelmus besteht aus geschälten, zu feinem Mus pürierten Mandeln. Es ist sehr nährstoffreich und wird als Brotaufstrich oder zum Verfeinern von Saucen und Desserts verwendet.

Spargelsalat
mit Artischocken

Wenn es etwas Besonderes sein soll: Mit ihren edlen Zutaten begeistert diese extravagante Salatkomposition selbst verwöhnte Gourmets

Zutaten

6 kleine Artischocken
Salz · Saft von 2 Zitronen
400 g grüner Spargel
200 g Brunnenkresse
2 rosa Grapefruits
1 Knoblauchzehe
1 TL Dijon-Senf
Pfeffer aus der Mühle
2 EL Olivenöl
50 g geschälte Mandeln

Zubereitung

FÜR 4 PERSONEN

1 Von den Artischocken die Stiele herausdrehen und die unteren Blätter entfernen. Die harten Blattspitzen etwas kürzen und das Heu aus dem Inneren der Artischocken entfernen.

2 Reichlich Salzwasser zum Kochen bringen und die Artischocken darin mit der Hälfte des Zitronensafts etwa 30 Minuten garen. Mit dem Schaumlöffel herausnehmen, abtropfen lassen und halbieren oder vierteln.

3 Den Spargel waschen, im unteren Drittel schälen und holzige Enden kürzen. Die Spargelstangen je nach Länge halbieren und in kochendem Salzwasser etwa 10 Minuten garen. In ein Sieb abgießen, kalt abschrecken und abtropfen lassen.

4 Die Brunnenkresse verlesen, in reichlich kaltem Wasser gründlich waschen und trockenschleudern. Die Grapefruits mit einem scharfen Messer so großzügig schälen, dass auch die weiße Haut mit entfernt wird. Die Fruchtfilets aus den Trennhäuten herauslösen, dabei den austretenden Saft auffangen. Den Knoblauch schälen und fein hacken.

5 Für die Marinade den Grapefruit- und den restlichen Zitronensaft mit dem Knoblauch, dem Senf, Salz und Pfeffer verrühren, nach und nach das Olivenöl unterschlagen. Artischocken, Spargel, Brunnenkresse, Grapefruitfilets und Mandeln auf Teller verteilen und mit der Marinade beträufeln.

Tipp

Wer fruchtige Salatkreationen mag, kann die grünen Spargelstangen auch mit Romanasalat, Tomatenvierteln und Orangenfilets anrichten. Die Marinade lässt sich mit Sherryessig verfeinern.

Tomaten-Mozzarella-Salat
mit Pfifferlingen

Zutaten

150 g kleine Pfifferlinge

1/2 Bund Basilikum

4 Tomaten

4 Kugeln Mozzarella (à 125 g)

Salz · Pfeffer aus der Mühle

4 EL Balsamico bianco

5 EL Olivenöl

Basilikumblätter zum Garnieren

Zubereitung

FÜR 4 PERSONEN

1 Die Pfifferlinge putzen und mit Küchenpapier trocken abreiben. Das Basilikum waschen und trockenschütteln, die Blätter von den Stielen zupfen und fein hacken.

2 Die Tomaten waschen und in Scheiben schneiden, dabei die Stielansätze entfernen. Den Mozzarella gut abtropfen lassen und ebenfalls in Scheiben schneiden. Tomaten- und Mozzarellascheiben abwechselnd leicht überlappend auf Tellern anrichten und mit Salz und Pfeffer würzen.

3 Für die Vinaigrette den Essig mit Salz und Pfeffer verrühren, nach und nach 4 EL Olivenöl unterschlagen.

4 Das restliche Olivenöl in einer Pfanne erhitzen und die Pfifferlinge darin bei mittlerer Hitze etwa 2 Minuten braten. Die Pilze mit Salz und Pfeffer würzen und das Basilikum dazugeben.

5 Die Pfifferlinge auf dem Tomaten-Mozzarella-Salat verteilen und mit der Vinaigrette beträufeln. Mit Basilikumblättern garnieren und nach Belieben mit Weißbrot servieren.

Papayasalat
mit Mozzarella

Zutaten

1 rote Chilischote
2 EL Limettensaft
Salz · 1/2 TL Currypulver
3 EL Olivenöl
2 Kugeln Mozzarella
(à 125 g)
1 reife Papaya
1/2 Bund Basilikum
Pfeffer aus der Mühle

Zubereitung

FÜR 2 PERSONEN

1 Die Chilischote längs halbieren, entkernen, waschen und in feine Streifen schneiden. Für die Marinade den Limettensaft mit Salz und Curry verrühren, nach und nach das Olivenöl unterschlagen. Die Chilistreifen hinzufügen und die Marinade 20 Minuten ziehen lassen.

2 Den Mozzarella gut abtropfen lassen und in dünne Scheiben schneiden. Die Papaya halbieren, mit einem Teelöffel entkernen und schälen. Die Papayahälften quer in Scheiben schneiden.

3 Das Basilikum waschen und trockenschütteln, die Blätter von den Stielen zupfen. Die Mozzarella- und Papayascheiben dachziegelartig auf einer Platte oder auf Tellern anrichten, dabei die Basilikumblätter dazwischen stecken.

4 Die Chilimarinade mit den Chilistreifen über die Mozzarella- und Papayascheiben träufeln. Zum Servieren etwas Pfeffer grob über den Salat mahlen. Nach Belieben Ciabatta oder Baguette dazu reichen.

Kräuter-Spinat-Salat
mit Schafskäse

Das schmeckt nach Urlaub: Dieser Salat aus würzigen Kräutern, Schafskäse und Spinat erinnert an die Sonnenküche Griechenlands

Zutaten

je 1 Bund Rucola
und Brunnenkresse
Blätter von 1 Bund
Radieschen oder 1 Rettich
2 Hand voll Spinatblätter
Salz · 2–3 TL Zitronensaft
Pfeffer aus der Mühle
2 EL Olivenöl
50 g Schafskäse
(Feta)

Zubereitung

FÜR 2 PERSONEN

1 Den Rucola, die Brunnenkresse, die Radieschen- oder Rettichblätter, den Spinat und nach Belieben einige Löwenzahnblätter verlesen und grobe Stiele entfernen. Die Blätter in reichlich kaltem Wasser gründlich waschen und trockenschleudern. Den Rucola in mundgerechte Stücke zupfen.

2 Reichlich Salzwasser zum Kochen bringen, Rucola, Kresse, Radieschen- und Spinatblätter darin 2 Minuten blanchieren. In ein Sieb abgießen, kalt abschrecken und abtropfen lassen.

3 Für die Marinade den Zitronensaft mit Salz und Pfeffer verrühren, nach und nach das Olivenöl unterschlagen. Den Schafskäse mit einer Gabel grob zerbröckeln.

4 Die Kräuterblätter und den Spinat mit der Marinade vermischen und auf Teller verteilen. Den Schafskäse darüber streuen und den Salat nach Belieben mit dünnen Radieschenstreifen und Zitronenspalten garnieren. Dazu passt Fladenbrot.

Tipp

Einen zusätzlichen mediterranen Touch erhält der Salat, wenn man gehackte Oliven untermischt. Wer mag, kann 1 Knoblauchzehe schälen, in Scheiben schneiden, anrösten und über den Salat streuen.

Sauerkraut-Möhren-Salat
mit Petersilie und Nüssen

Ein Kraftpaket aus Großmutters Küche: Dieser Rohkostsalat mit knackigen Nüssen spendet im Nu jede Menge Vitamine und Energie

Zutaten

300 g frisches Sauerkraut

400 g Möhren

30 g Haselnusskerne

1/2 Bund Petersilie

100 g saure Sahne

1/2 TL Zucker

Salz · Pfeffer aus der Mühle

1 EL Öl

Zubereitung

FÜR 4 PERSONEN

1 Das Sauerkraut mit einer Gabel etwas auflockern und nach Belieben in mundgerechte Stücke schneiden. Die Möhren putzen, schälen und auf der Gemüsereibe grob raspeln.

2 Die Haselnüsse fein hacken. Die Petersilie waschen und trockenschütteln. Die Blätter von den Stielen zupfen, einige Blätter zum Garnieren beiseite legen und den Rest fein hacken.

3 Für das Dressing die saure Sahne mit dem Zucker, der Hälfte der Haselnüsse, Salz und Pfeffer verrühren, dann das Öl unterschlagen. Das Dressing nochmals abschmecken und zum Schluss die gehackte Petersilie unterrühren.

4 Das Sauerkraut und die Möhren in einer Schüssel mit dem Dressing vermischen. Den Salat auf Teller oder Schälchen verteilen und mit den restlichen Nüssen bestreuen. Mit den Petersilienblättern garniert servieren.

Tipp

Vor allem im Winter ist Sauerkraut ein wertvoller Vitaminlieferant. Das Kraut sollte vor der Zubereitung nicht gewaschen werden – dadurch bleiben alle Geschmacksstoffe und die Vitamine erhalten.

Gurken-Oliven-Salat
mit Frühlingszwiebeln

Perfektes Verwöhnprogramm: Dieser Salat ist schnell und leicht gemacht, schmeckt richtig lecker und sieht zudem noch gut aus

Zutaten

1 Salatgurke · Salz
je 50 g grüne und schwarze Oliven (ohne Stein)
2 Frühlingszwiebeln
1 eingelegte milde Chilischote (aus dem Glas)
100 g Naturjoghurt
1 EL Zitronensaft
Pfeffer aus der Mühle
1 EL Olivenöl
1/2 TL getrockneter Thymian
1 EL gehackte Dillspitzen

Zubereitung

FÜR 4 PERSONEN

1 Die Gurke putzen, waschen und der Länge nach halbieren. Die Kerne mit einem Teelöffel entfernen und die Gurke in feine Würfel schneiden. Die Gurkenwürfel mit 1 TL Salz vermischen und auf einem Sieb etwa 10 Minuten Wasser ziehen lassen.

2 Die Oliven fein hacken. Die Frühlingszwiebeln putzen, waschen und mit dem Grün in feine Ringe schneiden. Die Chilischote abtropfen lassen, nach Belieben entkernen und in feine Ringe schneiden.

3 Für das Dressing den Joghurt mit dem Zitronensaft, Salz und Pfeffer in einer großen Schüssel verrühren, dann das Olivenöl unterschlagen. Zuletzt den Thymian dazugeben.

4 Die abgetropften Gurkenwürfel, die Oliven, die Frühlingszwiebeln, die Chiliringe und den Dill mit dem Dressing vermischen. Den Salat mit Salz und Pfeffer abschmecken und nach Belieben mit Weißbrot oder Fladenbrot servieren.

Tipp

Statt mit Naturjoghurt können Sie das Dressing auch mit Schafsmilchjoghurt zubereiten. Wer es gern etwas herzhafter mag, zerkrümelt 100 g Schafskäse und mischt ihn unter den Salat.

Waldorfsalat
mit Walnüssen

Zutaten

2 säuerliche Äpfel
(z. B. Boskoop)
250 g Knollensellerie
Saft von 1 Zitrone
100 g Sahne
3 EL Mayonnaise
Salz · Pfeffer aus der Mühle
Zucker
125 g Walnusskernhälften
einige schöne Salatblätter

Zubereitung

FÜR 4 PERSONEN

1 Die Äpfel vierteln, schälen und die Kerngehäuse entfernen. Den Sellerie putzen, schälen und mit den Apfelvierteln auf der Gemüsereibe grob raspeln oder in feine Streifen schneiden. Sofort mit Zitronensaft beträufeln.

2 Für das Dressing die Sahne in einer Schüssel halbsteif schlagen. Nach und nach die Mayonnaise unterrühren und so lange rühren, bis eine glatte, cremige Sauce entstanden ist. Das Dressing mit Salz, Pfeffer und Zucker abschmecken.

3 Von den Walnüssen einige schöne Hälften zum Garnieren beiseite legen, den Rest hacken. Das Dressing mit den Äpfeln, dem Sellerie und den gehackten Nüssen vermischen.

4 Die Salatblätter putzen, in reichlich kaltem Wasser gründlich waschen und trockenschütteln. Nach Belieben in mundgerechte Stücke zupfen und auf Teller verteilen.

5 Den Waldorfsalat auf den Salatblättern anrichten, mit den beiseite gelegten Walnusshälften und nach Belieben mit Orangenschalenzesten garnieren.

Weißer Bohnensalat
mit Lauch und Kerbel

Zutaten

1 Stange Lauch · Salz
600 g dicke weiße Bohnen (tiefgekühlt)
1 TL ganzer Kümmel
2 EL Weißweinessig
Pfeffer aus der Mühle
4 EL Olivenöl
2 Knoblauchzehen
2 Stiele Kerbel

Zubereitung

FÜR 4 PERSONEN

1 Den Lauch putzen, waschen und in Ringe schneiden. Reichlich Salzwasser zum Kochen bringen und die Bohnen darin unaufgetaut aufkochen lassen. Den Lauch und den Kümmel dazugeben und etwa 8 Minuten garen. In ein Sieb abgießen und gut abtropfen lassen.

2 Für die Vinaigrette den Essig mit Salz und Pfeffer verrühren, nach und nach das Olivenöl unterschlagen. Den Knoblauch schälen und dazupressen.

3 Den Kerbel waschen und trockenschütteln. Die Blätter von den Stielen zupfen und unter die Vinaigrette rühren.

4 Die Bohnen und den Lauch in einer Schüssel mit der Vinaigrette vermischen. Den Salat vor dem Servieren zugedeckt etwa 1 Stunde durchziehen lassen.

Kartoffelsalat
mit Oliven und Rucola

Leicht und frisch: Dieser mediterrane Kartoffelsalat mit Rucola, Oliven und getrockneten Tomaten ist der ideale Snack an heißen Sommertagen

Zutaten

800 g kleine
fest kochende Kartoffeln
1/8 l Orangensaft
4 EL Balsamico bianco
1 TL Dijon-Senf
Salz · Pfeffer aus der Mühle
8 EL Olivenöl
125 g Rucola
10 getrocknete,
in Öl eingelegte Tomaten
1/2 Bund Schnittlauch
100 g schwarze Oliven
(ohne Stein)

Zubereitung

FÜR 4 PERSONEN

1 Die Kartoffeln waschen und in einen Topf geben. So viel Wasser angießen, dass die Kartoffeln gerade bedeckt sind. Das Wasser zum Kochen bringen und die Kartoffeln 25 bis 30 Minuten garen. In ein Sieb abgießen und etwas abdampfen lassen. Noch heiß pellen und vierteln.

2 Für die Vinaigrette den Orangensaft mit dem Essig, dem Senf, 1/2 TL Salz und Pfeffer verrühren, nach und nach das Olivenöl unterschlagen. Die Vinaigrette mit den noch warmen Kartoffeln vermischen und die marinierten Kartoffeln zugedeckt durchziehen lassen.

3 Den Rucola verlesen und grobe Stiele entfernen. Die Blätter in reichlich kaltem Wasser gründlich waschen, trockenschleudern und nach Belieben in mundgerechte Stücke zupfen.

4 Die Tomaten auf Küchenpapier abtropfen lassen und in Streifen schneiden. Den Schnittlauch waschen, trockenschütteln und in Röllchen schneiden. Rucola, Tomaten, Schnittlauch und Oliven unter die Kartoffeln mischen.

Tipp

Dieser Sommersalat eignet sich auch fürs Partybüfett oder als Mitbringsel, denn er verträgt etwas Standzeit. Den Rucola aber erst so spät wie möglich untermischen, damit er nicht zusammenfällt.

Kichererbsen-Spinat-Salat
mit Avocado und Tomaten

Nichts für Erbsenzähler: Exotische Hülsenfrüchte sorgen in diesem raffinierten Spinatsalat für den richtigen Pfiff und Biss

Zutaten

500 g junger Blattspinat
1 Dose Kichererbsen (ca. 400 g)
1 reife Avocado
2 Fleischtomaten
8 Pflaumen oder Zwetschgen
3 Frühlingszwiebeln
2 EL Apfelessig
1 TL Senf
Zucker
Salz · Pfeffer aus der Mühle
5 EL Olivenöl

Zubereitung

FÜR 4 PERSONEN

1 Den Spinat verlesen und grobe Stiele entfernen. Die Blätter in reichlich kaltem Wasser gründlich waschen und trockenschleudern.

2 Die Kichererbsen auf einem Sieb abtropfen lassen. Die Avocado halbieren und den Stein entfernen. Eine Avocadohälfte schälen und das Fruchtfleisch in Würfel schneiden (die andere Hälfte anderweitig verwenden).

3 Die Fleischtomaten waschen, halbieren, entkernen und in kleine Würfel schneiden, dabei die Stielansätze entfernen. Die Pflaumen oder Zwetschgen waschen, halbieren und den Stein entfernen. Die Pflaumenhälften in Spalten schneiden. Die Frühlingszwiebeln putzen, waschen und fein hacken.

4 Für die Vinaigrette den Essig mit dem Senf, 1 bis 2 Prisen Zucker, Salz und Pfeffer verrühren, nach und nach das Olivenöl unterschlagen. Zuletzt die Frühlingszwiebeln unterrühren.

5 Den Spinat, die Kichererbsen, die Avocado, die Tomaten und die Pflaumen in einer großen Schüssel mischen. Auf Tellern anrichten und mit der Vinaigrette beträufeln.

Tipp

Sie können auch getrocknete Kichererbsen verwenden: Dafür die Erbsen über Nacht in einer Schüssel in reichlich kaltem Wasser einweichen und am nächsten Tag wie auf Seite 49 beschrieben garen.

Bohnen-Reis-Salat

mit Gurke und Tomaten

Zutaten

150 g Langkornreis · Salz

150 g Kidneybohnen (aus der Dose)

150 g dicke weiße Bohnen (aus der Dose)

2 Tomaten

1/2 kleine Salatgurke

2 EL Weißweinessig

Pfeffer aus der Mühle

5 EL Öl

2 EL gehackte Petersilie

Zubereitung

FÜR 4 PERSONEN

1 Den Reis in einem Sieb unter fließendem kaltem Wasser gründlich waschen. Mit 300 ml leicht gesalzenem Wasser in einem kleinen Topf aufkochen lassen, bei schwacher Hitze zugedeckt etwa 20 Minuten garen und abkühlen lassen.

2 Die Kidneybohnen und die weißen Bohnen in ein Sieb abgießen, mit fließendem kaltem Wasser abbrausen und abtropfen lassen. Die Tomaten über Kreuz einritzen, überbrühen, häuten, vierteln, entkernen und in kleine Würfel schneiden.

3 Die Gurke putzen, waschen und der Länge nach halbieren. Die Kerne mit einem Teelöffel entfernen und die Gurke in kleine Würfel schneiden.

4 Für die Vinaigrette den Essig mit Salz und Pfeffer verrühren, nach und nach das Öl unterschlagen. Zum Schluss die Petersilie unterrühren. Den abgekühlten Reis in einer großen Schüssel mit den Bohnen, den Tomaten, der Gurke und der Vinaigrette vermischen. Den Salat vor dem Servieren durchziehen lassen.

Kichererbsensalat

mit Fenchel und Zwiebeln

Zutaten

250 g getrocknete Kichererbsen
1 Fenchelknolle
Salz · 2 rote Zwiebeln
einige Stiele Petersilie
2 EL Weißweinessig
1 EL Zitronensaft
Pfeffer aus der Mühle
4 EL Olivenöl

Zubereitung

FÜR 4 PERSONEN

1 Die Kichererbsen über Nacht in kaltem Wasser einweichen. Am nächsten Tag in ein Sieb abgießen, kalt abbrausen und abtropfen lassen. Die Kichererbsen in einem Topf mit 1 1/2 l Wasser aufkochen und bei schwacher Hitze zugedeckt etwa 1 1/2 Stunden garen. Anschließend in ein Sieb abgießen und abtropfen lassen.

2 Den Fenchel putzen, waschen und in feine Streifen schneiden. In kochendem Salzwasser etwa 5 Minuten bissfest blanchieren. In ein Sieb abgießen, kalt abschrecken und abtropfen lassen.

3 Die Zwiebeln schälen und in feine Streifen schneiden. Die Petersilie waschen und trockenschütteln, die Blätter von den Stielen zupfen und fein hacken.

4 Für die Vinaigrette den Essig mit dem Zitronensaft, Salz und Pfeffer verrühren, nach und nach das Olivenöl unterschlagen. Die Kichererbsen, den Fenchel, die Zwiebeln und die Petersilie in einer Schüssel mit der Vinaigrette vermischen. Den Salat vor dem Servieren durchziehen lassen.

Rote-Linsen-Salat
mit Rucola und Ziegenkäse

Daran isst man sich gerne satt: Dieser Salat mit Hülsenfrüchten und pikantem Käse ersetzt leicht eine komplette Mahlzeit

Zutaten

200 g rote Linsen
2 EL Olivenöl
2 TL gehackte Rosmarinnadeln
400 ml Gemüsebrühe
½ Bund Frühlingszwiebeln
100 g Rucola
4 EL Weißweinessig
Salz · Pfeffer aus der Mühle
3 EL Sonnenblumenöl
1 Knoblauchzehe
4 kleine Ziegenkäse (à ca. 50 g)

Zubereitung

FÜR 4 PERSONEN

1 Die Linsen in einem Sieb unter fließendem kaltem Wasser waschen und abtropfen lassen. Das Olivenöl in einem Topf erhitzen und den Rosmarin darin kurz anbraten. Die Linsen und die Brühe dazugeben und alles bei schwacher Hitze zugedeckt 10 Minuten garen. Die Linsen in ein Sieb abgießen, abtropfen lassen und in eine Schüssel geben.

2 Die Frühlingszwiebeln putzen, waschen und in Ringe schneiden. Den Rucola verlesen und grobe Stiele entfernen. Die Blätter in reichlich kaltem Wasser gründlich waschen, trockenschleudern und nach Belieben in Stücke zupfen.

3 Für die Vinaigrette den Essig mit Salz und Pfeffer verrühren, nach und nach das Sonnenblumenöl unterschlagen. Von der Vinaigrette 4 EL abnehmen und unter die Linsen mischen. Den Knoblauch schälen, fein hacken und untermischen. Den Linsensalat mit Salz und Pfeffer abschmecken.

4 Die Ziegenkäse in größere Stücke schneiden und in einer beschichteten Pfanne ohne Fett rundum kurz anbraten. Die Frühlingszwiebeln, den Rucola und die restliche Vinaigrette unter den Salat mischen und mit dem Ziegenkäse auf Tellern anrichten. Nach Belieben mit Rosmarinzweigen garnieren.

Tipp

Rote Linsen haben eine vergleichsweise kurze Garzeit. Achten Sie beim Einkauf unbedingt darauf, dass Sie zu ganzen Linsen greifen – die gespaltenen zerfallen noch schneller beim Kochen.

Salate mit Nudeln, Reis & Co.

Reissalat
mit Spargel und Mais

In jedem Jahr aufs Neue begehrt: Auch als Salat angemacht, lässt frischer Spargel Feinschmeckerherzen höher schlagen

Zutaten

1/2 Bund Frühlingszwiebeln
1 rote Paprikaschote
12 grüne Stangen Spargel · Salz
100 g Maiskörner
(aus der Dose)
Saft von 1 Zitrone
Pfeffer aus der Mühle
6 EL Olivenöl
400 g Langkornreis (gegart)
1 unbehandelte Zitrone
Basilikumblätter
zum Garnieren

Zubereitung

FÜR 4 PERSONEN

1 Die Frühlingszwiebeln putzen, waschen und in feine Ringe schneiden. Die Paprikaschote der Länge nach halbieren, entkernen, waschen und in kleine Würfel schneiden.

2 Den Spargel waschen, im unteren Drittel schälen und holzige Enden kürzen. Die Spargelstangen in etwa 4 cm lange Stücke schneiden und in kochendem Salzwasser etwa 10 Minuten garen. Nach 6 Minuten Garzeit die Paprikawürfel hinzufügen und mitgaren. Das Gemüse in ein Sieb abgießen, kalt abschrecken und abtropfen lassen. Den Mais in ein Sieb abgießen und abtropfen lassen.

3 Für die Marinade den Zitronensaft mit Salz und Pfeffer verrühren, nach und nach das Olivenöl unterschlagen. Den Reis mit den Frühlingszwiebelringen, den Paprikawürfeln, den Spargelstücken und dem Mais vermischen. Die Marinade unterrühren und den Salat nochmals abschmecken.

4 Die Zitrone heiß waschen, trockenreiben und in Spalten schneiden. Zum Servieren den Reissalat auf Tellern anrichten und mit Zitronenspalten und Basilikumblättern garnieren.

Tipp

Versuchen Sie statt Zitronensaft auch einmal Balsamico bianco. Zusätzlich können Sie dann je 1 Schalotte und Knoblauchzehe schälen, in feine Würfel schneiden und unter die Vinaigrette rühren.

Wildreissalat
mit Rucola und Radieschen

Kernig, knackig und gesund: An diesem Mix aus Wildreis, Rucola und scharfen Radieschen kann man sich ohne Reue satt essen

Zutaten

200 g Wildreis · Salz
1/2 TL Kreuzkümmelpulver
abgeriebene Schale und Saft von 2 unbehandelten Zitronen
15 g Ingwer
2 rote Zwiebeln
2 TL Honig
2 TL eingelegte grüne Pfefferkörner
Pfeffer aus der Mühle
je 1 Bund Rucola und Radieschen
5 EL Olivenöl

Zubereitung

FÜR 4 PERSONEN

1 Den Wildreis mit 400 ml Wasser, Salz, Kreuzkümmel und Zitronenschale aufkochen und bei schwacher Hitze zugedeckt etwa 45 Minuten quellen lassen. Dann vom Herd nehmen und abkühlen lassen.

2 Den Ingwer schälen und fein reiben. Die Zwiebeln schälen und in feine Würfel schneiden. Für die Marinade den Zitronensaft mit dem Honig, den Pfefferkörnern und etwas Pfeffer in einer Schüssel verrühren. Ingwer und Zwiebelwürfel dazugeben und die Marinade etwa 30 Minuten ziehen lassen.

3 Inzwischen den Rucola verlesen und grobe Stiele entfernen. Die Blätter in reichlich kaltem Wasser gründlich waschen, trockenschleudern und in mundgerechte Stücke zupfen.
Die Radieschen putzen, waschen und in Scheiben schneiden. Wildreis, Rucola und Radieschen in einer Schüssel mischen.

4 Das Olivenöl nach und nach unter die Zwiebel-Ingwer-Marinade schlagen. Die Marinade mit Salz und Pfeffer abschmecken und gut mit dem Wildreissalat vermischen.

Tipp

Wenn Sie keinen Wildreis bekommen, können Sie ebenso gut Naturreis für diesen Salat verwenden. Sie können aber auch jeweils 100 g Wildreis und Naturreis mischen.

Reissalat

mit Bohnen und Kürbis

Zutaten

150 g Langkornreis · Salz

2 Frühlingszwiebeln

200 g Kürbisfruchtfleisch

150 g Bohnenkerne (tiefgekühlt)

2 EL Olivenöl

je 1/8 l Gemüsebrühe und Weißwein

Kümmelpulver

3 EL Zitronensaft

Pfeffer aus der Mühle

2 EL Erdnusskerne

1 EL gehackte Petersilie

1 kleine Salatgurke

Zubereitung

FÜR 4 PERSONEN

1 Den Reis in 300 ml leicht gesalzenem Wasser aufkochen und bei schwacher Hitze zugedeckt etwa 15 Minuten quellen lassen.

2 Die Frühlingszwiebeln putzen, waschen und in feine Ringe schneiden. Das Kürbisfleisch in Würfel schneiden. Die Bohnenkerne in Salzwasser etwa 2 Minuten blanchieren. In ein Sieb abgießen, kalt abschrecken und abtropfen lassen.

3 Das Olivenöl in einer großen Pfanne erhitzen, die Frühlingszwiebeln, das Kürbisfruchtfleisch und die Bohnen darin andünsten. Die Brühe und den Wein angießen, aufkochen lassen und mit 1 Prise Kümmel würzen. Etwa 15 Minuten offen köcheln lassen, bis die Flüssigkeit verdampft ist. Das Gemüse etwas abkühlen lassen und mit Zitronensaft, Salz und Pfeffer abschmecken. Den Reis untermischen.

4 Die Erdnüsse grob hacken und mit der Petersilie unter den Reis rühren. Den Salat etwa 30 Minuten durchziehen lassen. Die Gurke putzen, waschen und der Länge nach in dünne Scheiben hobeln. Den Reissalat mit den Gurkenscheiben garniert servieren.

Fusillisalat
mit Kichererbsen

Zutaten

80 g getrocknete Kichererbsen
Salz · 300 g Fusilli
2 rote Paprikaschoten
1 grüne Chilischote
1 Zwiebel
1/2 Bund Salbei
1 EL Butterschmalz
Pfeffer aus der Mühle
1/8 l Weißwein
2 EL Rotweinessig
4 EL Olivenöl
1 EL gehackte Petersilie

Zubereitung

FÜR 4 PERSONEN

1 Die Kichererbsen über Nacht in kaltem Wasser einweichen. Am nächsten Tag in ein Sieb abgießen, kalt abbrausen und abtropfen lassen. In leicht gesalzenem Wasser bei schwacher Hitze zugedeckt etwa 2 Stunden garen. In ein Sieb abgießen und abtropfen lassen.

2 Die Fusilli in reichlich kochendem Salzwasser nach Packungsanweisung bissfest garen. In ein Sieb abgießen, kalt abschrecken und abtropfen lassen, dabei etwas Kochwasser auffangen und beiseite stellen.

3 Die Paprika- und Chilischoten längs halbieren, entkernen und waschen. Paprika in 1 cm große Würfel schneiden, Chili in feine Würfel schneiden. Zwiebel schälen und in Würfel schneiden. Den Salbei waschen und trockenschütteln, die Blätter abzupfen und in Streifen schneiden.

4 Zwiebel im heißen Schmalz glasig dünsten. Paprika und Chili mitdünsten, salzen und pfeffern. Wein angießen und offen köcheln lassen, bis die Flüssigkeit verdampft ist. Kichererbsen und Salbei unterrühren. Essig, Salz, Pfeffer, Olivenöl und Nudelwasser verrühren. Alle Zutaten mit der Sauce vermischen, mit Petersilie bestreuen.

Reisnudelsalat
mit Hackfleisch und Ei

Köstlich fernöstlich: Für diesen exotischen Salat treffen sich Hackfleisch, Nudeln und Ei zu einem kulinarischen Stelldichein

Zutaten

250 g Reisnudeln
3–4 Chinakohlblätter
1 rote Paprikaschote
1 Tomate
2 Schalotten
3 Knoblauchzehen
2 EL Erdnussöl
300 g gemischtes Hackfleisch
Salz · Pfeffer aus der Mühle
1 Ei · 1/2 Bund Koriander
40 g Cashewkerne
2 EL Reisessig
2 EL Fischsauce
1 EL Limettensaft
1/2 TL Sambal Oelek
Zucker
1 unbehandelte Limette

Zubereitung

FÜR 4 PERSONEN

1 Die Reisnudeln mit kochendem Wasser übergießen und 10 Minuten quellen lassen. In ein Sieb abgießen und abtropfen lassen.

2 Die Chinakohlblätter in reichlich kaltem Wasser gründlich waschen, trockenschütteln und in Streifen schneiden. Die Paprikaschote der Länge nach halbieren, entkernen, waschen und in kleine Würfel schneiden. Die Tomate waschen, halbieren, entkernen und ebenfalls in Würfel schneiden, dabei den Stielansatz entfernen. Die Schalotten und den Knoblauch schälen und in feine Würfel schneiden.

3 Das Erdnussöl in einer Pfanne oder im Wok erhitzen und das Hackfleisch darin bei starker Hitze etwa 5 Minuten braten. Schalotten und Knoblauch dazugeben und einige Minuten mitbraten. Mit Salz und Pfeffer würzen und herausnehmen.

4 Das Ei verquirlen, in der heißen Pfanne oder im Wok unter Rühren stocken lassen und beiseite stellen. Den Koriander waschen und trockenschütteln, die Blätter von den Stielen zupfen und in Streifen scheiden. Die Cashewkerne grob hacken.

5 Für die Vinaigrette den Essig mit der Fischsauce, dem Limettensaft, Sambal Oelek, 2 EL Wasser und Zucker verrühren. Die Limette heiß waschen, trockenreiben und in dünne Spalten schneiden.

6 Reisnudeln, Chinakohl, Paprika, Tomate, Hackfleisch, Ei, Koriander und Cashewkerne mit der Vinaigrette vermischen, mit jeweils einer Limettenspalte anrichten und lauwarm servieren.

Nudelsalat

mit Pilzen und Rucola

Zutaten

250 g Penne · Salz

1 Schalotte · 2 Knoblauchzehen

250 g Pilze (z. B. Champignons, Egerlinge oder Austernpilze)

1 EL Butter

Pfeffer aus der Mühle

50 g Rucola

100 g Cocktailtomaten

3 EL Rotweinessig

3 EL Orangensaft

1/2 TL Senf

5 EL Olivenöl

Zubereitung

FÜR 4 PERSONEN

1 Die Penne in reichlich kochendem Salzwasser nach Packungsanweisung bissfest garen. In ein Sieb abgießen, kalt abschrecken und abtropfen lassen.

2 Die Schalotte und den Knoblauch schälen und in feine Würfel schneiden. Die Pilze putzen, mit Küchenpapier trocken abreiben und je nach Größe halbieren oder vierteln. Die Butter in einer Pfanne zerlassen, Schalotte und Knoblauch darin andünsten. Die Pilze kurz mitbraten, mit Salz und Pfeffer würzen und vom Herd nehmen.

3 Den Rucola verlesen und grobe Stiele entfernen. Die Blätter in reichlich kaltem Wasser gründlich waschen, trockenschleudern und nach Belieben in mundgerechte Stücke zupfen. Die Cocktailtomaten waschen und halbieren.

4 Für die Vinaigrette den Essig mit dem Orangensaft, dem Senf, Salz und Pfeffer verrühren, nach und nach das Olivenöl unterschlagen.

5 Die Penne mit Schalotte, Knoblauch, Pilzen, Rucola, Cocktailtomaten und der Vinaigrette in einer Schüssel vermischen. Den Salat vor dem Servieren mit Salz und Pfeffer abschmecken.

Glasnudelsalat
mit Mango und Garnelen

Zutaten

200 g Glasnudeln · je ½ rote und grüne Paprikaschote
½ Bund Frühlingszwiebeln
125 g kleine Champignons
2 Knoblauchzehen
1 kleine Mango
250 g Garnelen (küchenfertig)
5 EL Sojasauce
4 EL Weißweinessig
2 EL Mangochutney (Fertigprodukt)
1 TL geriebener Ingwer · Zucker
Chilipulver · 3 EL Öl
Salz · Pfeffer aus der Mühle

Zubereitung

FÜR 4 PERSONEN

1 Die Glasnudeln mit kochendem Wasser übergießen und 5 Minuten quellen lassen. In ein Sieb abgießen, kalt abschrecken, abtropfen lassen.

2 Paprikahälften entkernen, waschen und in Würfel schneiden. Frühlingszwiebeln putzen, waschen und in etwa 1 cm breite Ringe schneiden. Champignons putzen, mit Küchenpapier trocken abreiben und halbieren oder vierteln. Knoblauch schälen und fein hacken. Mango schälen, das Fruchtfleisch in Scheiben vom Stein schneiden. Die Garnelen abbrausen und trockentupfen.

3 Für die Vinaigrette die Sojasauce mit Essig, Mangochutney, Ingwer, Zucker und Chili verrühren. Das Öl in einer großen Pfanne oder im Wok erhitzen, Paprika, Frühlingszwiebeln, Pilze und Knoblauch darin bei starker Hitze unter Rühren 4 Minuten scharf anbraten. Die Garnelen hinzufügen, 2 Minuten mitbraten und mit Salz und Pfeffer würzen. Die Mango untermischen.

4 Die Vinaigrette zum Gemüse geben und aufkochen lassen. Die Glasnudeln mit einer Schere in mundgerechte Stücke schneiden und untermischen. Den Glasnudelsalat nach Belieben mit Sesamchips garniert servieren.

Reisnudelsalat

mit Garnelen und Koriander

Garantiert ein guter Fang: Mit Glasnudeln und kunstvoll geformten Frühlingszwiebeln kommen Garnelen ganz groß raus

Zutaten

100 g dünne Reisnudeln
200 g Garnelen (vorgegart)
1 rote Paprikaschote
4 Frühlingszwiebeln
1 Bund Koriander
1 TL grüne Currypaste
1 1/2 EL Fischsauce
ca. 2 EL Limettensaft
2 EL Sesamöl

Zubereitung

FÜR 4 PERSONEN

1 Die Reisnudeln mit kochendem Wasser übergießen und 10 Minuten quellen lassen. In ein Sieb abgießen und abtropfen lassen.

2 Die Garnelen in einem Sieb kalt abbrausen und trockentupfen. Die Paprikaschote der Länge nach vierteln, entkernen, waschen und in dünne Streifen schneiden. Die Frühlingszwiebeln putzen, waschen und schräg in Ringe schneiden. Den Koriander waschen und trockenschütteln, die Blätter von den Stielen zupfen.

3 Für die Marinade die Currypaste mit etwa 3 EL heißem Nudelwasser glatt rühren. Die Fischsauce und den Limettensaft unterrühren, nach und nach das Sesamöl unterschlagen.

4 Die Reisnudeln mit einer Schere in mundgerechte Stücke schneiden. Die Nudeln in einer Schüssel mit den Garnelen, der Paprika, den Frühlingszwiebeln und dem Koriander vermischen. Die Marinade unterrühren und den Salat in Schälchen anrichten. Nach Belieben mit Limettenspalten und selbst gemachten Frühlingszwiebelblumen (siehe Tipp) servieren.

Tipp

Für die Frühlingszwiebelblumen Frühlingszwiebeln putzen, waschen und das Grün quer kappen. Die Blätter mehrmals fein längs einschneiden und in Eiswasser legen, bis sich die Blattspitzen kringeln.

Nudelsalat

mit Garnelen und Kräutern

Zutaten

300 g Garganelli (ersatzweise Penne) · Salz
200 g Garnelen (küchenfertig)
6 EL Olivenöl
1 EL Zitronensaft
4 Knoblauchzehen
2 EL fein gehacktes Basilikum
1 TL fein gehackter Rosmarin
Pfeffer aus der Mühle

Zubereitung

FÜR 4 PERSONEN

1 Die Garganelli in reichlich kochendem Salzwasser nach Packungsanweisung bissfest garen. In ein Sieb abgießen, kalt abschrecken und abtropfen lassen.

2 Die Garnelen in einem Sieb kalt abbrausen und trockentupfen. In einer Pfanne 2 EL Olivenöl erhitzen und die Garnelen darin von allen Seiten anbraten. Anschließend herausnehmen und mit Zitronensaft beträufeln.

3 Den Knoblauch schälen und fein hacken. Das restliche Olivenöl in der Pfanne erhitzen und den Knoblauch darin anbraten. Vom Herd nehmen, das Basilikum und den Rosmarin hineingeben und etwas abkühlen lassen.

4 Die Nudeln und die Garnelen in einer Schüssel mischen. Das Knoblauch-Kräuter-Öl unterrühren und den Salat mit Salz und Pfeffer würzen. Den Nudelsalat nach Belieben mit Rosmarinzweigen, Basilikumblättern und Zitronenscheiben garniert servieren.

Nudelsalat

mit Putenbrust

Zutaten

200 g chinesische Weizennudeln
Salz
100 g Shiitakepilze · 3 EL Öl
4 Frühlingszwiebeln · 1 Möhre
je 1 Hand voll Mungobohnensprossen und junge Spinatblätter
150 g geräucherte Putenbrust
1 TL Sojasauce · 2 EL Sherrysauce
2 EL trockener Sherry · Pfeffer
1 EL geriebener Meerrettich
1 TL geriebener Ingwer
1 EL Walnussöl
1 EL gehackter Koriander
2 EL grob gehackte Cashewkerne

Zubereitung

FÜR 4 PERSONEN

1 Die Weizennudeln in reichlich Salzwasser einmal aufkochen und anschließend etwa 5 Minuten quellen lassen. In ein Sieb abgießen, kalt abschrecken und abtropfen lassen.

2 Die Pilze putzen, mit Küchenpapier trocken abreiben und vierteln. Das Öl in einer Pfanne erhitzen und die Pilze darin kurz anbraten. Die Frühlingszwiebeln putzen, waschen und in feine Ringe schneiden. Die Möhre putzen, schälen und in dünne Stifte schneiden. Die Mungosprossen abbrausen und abtropfen lassen.

3 Den Spinat verlesen und grobe Stiele entfernen. Die Blätter in reichlich kaltem Wasser gründlich waschen, trockenschütteln und in breite Streifen schneiden. Alle vorbereiteten Zutaten in einer Schüssel unter die Nudeln mischen. Die Putenbrust in dünne Scheiben schneiden.

4 Für die Marinade Soja- und Sherrysauce mit Sherry, Pfeffer, Meerrettich und Ingwer verrühren, dann das Walnussöl unterschlagen. Die Marinade sorgfältig unter den Salat mischen und etwa 5 Minuten ziehen lassen. Auf Schälchen verteilen, mit Putenbrust belegen und mit Koriander und Cashewkernen bestreuen.

Nudelsalat
mit Zucchini

Immer ein Erfolg: Mit diesem mediterran angehauchten Salat machen Sie Ihre Gäste nicht nur satt, sondern auch glücklich

Zutaten

250 g Penne · Salz
250 g Cocktailtomaten
½ Romanasalat
125 g kleine Zucchini
10 Sardellenfilets (in Öl)
2 EL Zitronensaft
1 EL grobkörniger Senf
Pfeffer aus der Mühle
6 EL Olivenöl
150 g Ziegenfrischkäse
Basilikumblätter zum Garnieren

Zubereitung

FÜR 4 PERSONEN

1 Die Penne in reichlich kochendem Salzwasser nach Packungsanweisung bissfest garen. In ein Sieb abgießen, kalt abschrecken und abtropfen lassen.

2 Die Cocktailtomaten waschen und halbieren. Den Romanasalat putzen, in reichlich kaltem Wasser gründlich waschen, trockenschleudern und in Streifen schneiden. Die Zucchini putzen, waschen und der Länge nach in dünne Scheiben schneiden oder hobeln. Die Sardellenfilets auf Küchenpapier abtropfen lassen und hacken.

3 Für die Marinade den Zitronensaft mit dem Senf verrühren und die Sardellen hinzufügen. Die Marinade mit Salz und Pfeffer würzen, nach und nach das Olivenöl unterschlagen.

4 Die Nudeln in einer Schüssel mit den Cocktailtomaten, dem Salat und den Zucchini vermischen. Den Ziegenkäse mit einer Gabel zerbröckeln und über den Salat streuen. Den Nudelsalat mit Salz und Pfeffer würzen, die Marinade darüber träufeln, gut untermischen und den Salat nochmals abschmecken. Mit Basilikumblättern garnieren und nach Belieben mit Grissini (siehe Tipp) servieren.

Tipp

Grissini selbst gemacht: 400 g Mehl mit 50 g weicher Butter, 4 EL Wasser und etwas Salz verkneten. Den Teig 30 Minuten kühl stellen. Bleistiftdicke Stangen bei 200 °C im Ofen 10 Minuten backen.

Nudelsalat
mit Oliven und Kapern

Zutaten

400 g Penne · Salz

2 rote Paprikaschoten

100 g grüne Oliven (ohne Stein)

1 grüne Peperoni

4 EL Weißweinessig

Pfeffer aus der Mühle

6 EL Olivenöl

2 EL Kapern

Zubereitung

FÜR 4 PERSONEN

1 Die Penne in reichlich kochendem Salzwasser nach Packungsanweisung bissfest garen. In ein Sieb abgießen, kalt abschrecken und abtropfen lassen.

2 Die Paprikaschoten der Länge nach halbieren, entkernen, waschen und in kleine Würfel schneiden. Die Oliven in Scheiben schneiden. Die Peperoni der Länge nach halbieren, nach Belieben entkernen, waschen und in feine Ringe schneiden.

3 Für die Vinaigrette den Essig mit Salz und Pfeffer verrühren, nach und nach das Olivenöl unterschlagen.

4 Die Penne mit Paprika, Oliven, Peperoni und Kapern in einer Schüssel vermischen. Die Vinaigrette unterrühren und den Salat auf Tellern anrichten.

Brotsalat

mit Tomaten und Paprika

Zutaten

250 g altbackenes Weißbrot
150 ml Olivenöl
250 g Tomaten
2 gelbe Paprikaschoten
4 Frühlingszwiebeln
1 Knoblauchzehe
1 EL Kapern
1 EL gehacktes Basilikum
100 ml Gemüsebrühe
6 EL Rotweinessig
2 Lorbeerblätter
1 TL Zucker
Salz · Pfeffer aus der Mühle
Basilikumblätter zum Garnieren

Zubereitung

FÜR 4 PERSONEN

1 Das Weißbrot nach Belieben entrinden und in etwa $1^{1}/_{2}$ cm große Würfel schneiden. In einer Pfanne 70 ml Olivenöl erhitzen und die Brotwürfel darin anrösten, dann abkühlen lassen.

2 Die Tomaten über Kreuz einritzen, überbrühen, häuten, vierteln, entkernen und in kleine Würfel schneiden. Die Paprikaschoten der Länge nach halbieren, entkernen, waschen und in Würfel schneiden. Die Frühlingszwiebeln putzen, waschen und in feine Ringe schneiden. Den Knoblauch schälen und fein hacken.

3 Alle vorbereiteten Zutaten mit den Kapern, dem Basilikum und 1 EL Olivenöl in einer Schüssel gut vermischen.

4 Für die Vinaigrette die Brühe mit dem Essig, den Lorbeerblättern, dem Zucker, Salz und Pfeffer in einem Topf aufkochen. Vom Herd nehmen, etwas abkühlen lassen und die Lorbeerblätter entfernen. Nach und nach das restliche Olivenöl unterschlagen.

5 Die noch warme Vinaigrette über den Salat träufeln und gut mischen. Den Brotsalat mit den Basilikumblättern garniert servieren.

Couscoussalat
mit Schafskäse

Die Mischung macht's: Kombiniert mit Tomaten, Schafskäse, Pistazien und Nüssen, wird aus Couscous ein exklusives Gourmetgericht

Zutaten

400 g Instant-Couscous · Salz
3 Tomaten
1 große rote Zwiebel
2 Knoblauchzehen
150 g Schafskäse (Feta)
1/2 Bund Minze
3 EL Weißweinessig
1/2 TL Korianderpulver
Pfeffer aus der Mühle
6 EL Olivenöl
1 EL gehackte Pistazienkerne
2 EL Erdnusskerne
Minzeblätter zum Garnieren

Zubereitung

FÜR 4 PERSONEN

1 Den Couscous in einer Schüssel mit 400 ml kochendem Salzwasser übergießen und 5 Minuten zugedeckt quellen lassen. Dann mit einer Gabel mehrmals auflockern.

2 Die Tomaten waschen, vierteln, entkernen und in Würfel schneiden, dabei die Stielansätze entfernen. Die Zwiebel schälen, der Länge nach halbieren und in dünne Spalten schneiden. Den Knoblauch schälen und fein hacken. Den Schafskäse in kleine Würfel schneiden. Die Minze waschen und trockenschütteln, die Blätter von den Stielen zupfen und grob hacken.

3 Für die Vinaigrette den Essig mit Koriander, Salz und Pfeffer verrühren, nach und nach das Olivenöl unterschlagen und nochmals abschmecken. Tomatenwürfel, Zwiebelspalten und Knoblauch unterrühren und die Vinaigrette mit dem Couscous vermischen.

4 Den Schafskäse, die Minze, die Pistazien und die Erdnüsse dazugeben, locker unterheben und den Couscoussalat mit den Minzeblättern garnieren. Den Salat vor dem Servieren etwas durchziehen lassen.

Tipp

Couscous, das nordafrikanische Nationalgericht, besteht entweder aus Hartweizengrieß, Hirse oder einer Mischung aus beidem. Er ist vorgegart und muss deshalb nur kurz in Flüssigkeit quellen.

Couscoussalat
mit Tomaten und Spargel

Eine grün-weiß-rote-Liaison: Diese Farbkombination sorgt auf dem Teller nicht nur bei Italienern für Begeisterung

Zutaten

80 g Instant-Couscous · Salz
150 g grüner Spargel
2 Tomaten
2 Frühlingszwiebeln
je 3 EL Zitronen- und Orangensaft
2 EL gehackte Petersilie
2 EL Olivenöl
1 Knoblauchzehe
Pfeffer aus der Mühle

Zubereitung

FÜR 2 PERSONEN

1 Den Couscous in einer Schüssel mit 80 ml kochendem Salzwasser übergießen und 5 Minuten zugedeckt quellen lassen. Dann mit einer Gabel mehrmals auflockern.

2 Den Spargel waschen, im unteren Drittel schälen und holzige Enden kürzen. Die Spargelstangen schräg in Scheiben schneiden und in kochendem Salzwasser 3 bis 4 Minuten blanchieren. In ein Sieb abgießen, kalt abschrecken und abtropfen lassen.

3 Die Tomaten über Kreuz einritzen, überbrühen, häuten, vierteln, entkernen und in kleine Würfel schneiden. Die Frühlingszwiebeln putzen, waschen und in feine Ringe schneiden.

4 Für die Marinade den Zitronen- und Orangensaft mit der Petersilie verrühren, nach und nach das Olivenöl unterschlagen. Den Knoblauch schälen und dazupressen.

5 Den Couscous mit dem Spargel, den Tomaten und den Frühlingszwiebeln vermischen. Die Marinade unterrühren und den Salat mit Salz und Pfeffer kräftig abschmecken.

Tipp

Dieser Salat lässt sich nach Lust und Laune variieren: Mischen Sie doch einmal Zucchini- oder Auberginenwürfel unter den Couscous oder verfeinern Sie ihn mit gebratenen Hähnchen- oder Putenbruststreifen.

Hirsesalat

mit Garnelen und Dill

Gegensätze ziehen sich an: Wenn rustikale Hirse auf edle Meeresfrüchte trifft, kann garantiert niemand widerstehen

Zutaten

60 g Hirse

1 große Zwiebel

3 EL Rapsöl

1/4 l Gemüsebrühe

250 g Salatgurke

3 EL Maiskörner (aus der Dose)

1 EL Zitronensaft

1 TL Aceto balsamico

Salz · Pfeffer aus der Mühle

6 Stiele Dill

120 g Eismeergarnelen (vorgegart)

Zubereitung

FÜR 2 PERSONEN

1 Die Hirse in einem Sieb mit lauwarmem Wasser abbrausen und abtropfen lassen. Die Zwiebel schälen und in feine Würfel schneiden. In einer Pfanne 1/2 EL Rapsöl erhitzen und die Hirse darin 2 bis 3 Minuten anrösten. Die Zwiebel hinzufügen und bei schwacher Hitze andünsten. Mit der Brühe ablöschen, einmal aufkochen und bei schwacher Hitze zugedeckt 15 Minuten quellen lassen.

2 Die Gurke putzen, waschen und der Länge nach halbieren. Die Kerne mit einem Teelöffel entfernen und die Gurke in kleine Würfel schneiden. Die Gurkenwürfel mit dem Mais unter die Hirse mischen.

3 Für die Vinaigrette den Zitronensaft mit dem Essig, Salz und Pfeffer verrühren, nach und nach das restliche Rapsöl unterschlagen. Den Dill waschen, trockenschütteln und einen Stiel beiseite legen. Die Dillspitzen von den Stielen zupfen, hacken und unter die Vinaigrette rühren.

4 Den Hirsesalat mit der Vinaigrette vermischen. Die Garnelen abtropfen lassen und unter den Salat rühren. Den Salat in Schälchen verteilen und mit dem Dill garniert servieren.

Tipp

Hirse war bei uns in früheren Zeiten häufig auf dem Speiseplan zu finden. Vor allem im Orient gehört sie noch heute – neben Reis und Couscous – zu den Grundnahrungsmitteln.

Salate mit Fisch und Fleisch

Fenchelsalat

mit Thunfisch und Orangen

Leuchtende Farben geben den Ton an: Zartrosa Thunfisch und sonnengereifte Zitrusfrüchte sind ein Highlight an grauen Wintertagen

Zutaten

4 Fenchelknollen

4 Orangen

1 helle Grapefruit

1 EL Essig

Salz · Pfeffer aus der Mühle

3 EL Olivenöl

500 g Thunfischfilet

Olivenöl zum Einpinseln

Zubereitung

FÜR 4 PERSONEN

1 Den Fenchel putzen, waschen und in Würfel schneiden. Etwas Fenchelgrün hacken und beiseite legen.

2 Die Orangen und die Grapefruit mit einem scharfen Messer so großzügig schälen, dass auch die weiße Haut mit entfernt wird. Die Fruchtfilets aus den Trennhäuten herauslösen und in Würfel schneiden. Die Orangen- und Grapefruitwürfel mit dem Fenchel in eine Schüssel geben.

3 Für die Vinaigrette den Essig mit Salz und Pfeffer verrühren, nach und nach das Olivenöl unterschlagen. Die Vinaigrette unter den Salat mischen und den Fenchelsalat etwas durchziehen lassen.

4 Den Backofengrill einschalten. Den Thunfisch waschen und mit Küchenpapier trockentupfen. Den Fisch mit etwas Olivenöl einpinseln, mit Salz und Pfeffer würzen und in Stücke schneiden. Unter dem Grill oder in der Grillpfanne auf beiden Seiten 2 bis 3 Minuten grillen.

5 Den Salat auf Tellern anrichten, mit dem gehackten Fenchelgrün bestreuen und mit dem Thunfisch servieren. Nach Belieben Ciabatta dazu reichen.

Tipp

Beim Einkauf erkennt man frischen Fenchel leicht an seinem Grün: Hat es eine leuchtend grüne Farbe, ist das Gemüse frisch. Ist das Grün dunkel und welk, liegt die Knolle schon länger.

Kopfsalat
mit Garnelen und Chili

Einfach raffiniert: Bei aller Leichtigkeit sorgt diese Kombination aus Chilischärfe und saftigen Garnelen für schwere Begeisterung

Zutaten

1 Kopfsalat (ca. 200 g)

2 rote Chilischoten

12–16 Garnelen (küchenfertig)

8 EL Olivenöl · Salz

4 EL Weißweinessig

2 TL grobkörniger Senf

Pfeffer aus der Mühle

Zucker

Zubereitung

FÜR 4 PERSONEN

1 Den Kopfsalat putzen, in reichlich kaltem Wasser gründlich waschen und trockenschleudern. Die Blätter in Streifen schneiden und in eine Schüssel geben. Die Chilischoten längs halbieren, entkernen, waschen und in kleine Würfel schneiden.

2 Die Garnelen in einem Sieb kalt abbrausen und trockentupfen. In einer Pfanne 2 EL Olivenöl erhitzen, die Garnelen darin mit den Chiliwürfeln 3 bis 4 Minuten braten und leicht mit Salz würzen.

3 Für die Vinaigrette den Essig mit dem Senf, Salz, Pfeffer und 1 Prise Zucker verrühren, nach und nach das restliche Olivenöl unterschlagen.

4 Den Kopfsalat mit der Vinaigrette beträufeln und gut vermischen. Den Salat in Schälchen anrichten und die Garnelen mit den Chiliwürfeln darauf verteilen.

Tipp

Wer auf die scharfen Chilischoten lieber verzichten möchte, ersetzt sie durch 2 fein gehackte Knoblauchzehen. Einfach mit dem Olivenöl erhitzen und die Garnelen in dem Knoblauchöl anbraten.

Gemischter Blattsalat

mit Scampi

Zutaten

je ½ Lollo rosso und bianco
1 Bund Rucola
1 Avocado
Saft von ½ Zitrone
2 Schalotten
2 Stiele Petersilie
8 Scampi
(küchenfertig; bis auf das Schwanzstück geschält)
7 EL Olivenöl
4 EL Balsamico bianco
Salz · Pfeffer aus der Mühle
1 Streifen unbehandelte Orangenschale
1 Scheibe Ingwer

Zubereitung

FÜR 4 PERSONEN

1 Den Lollo rosso und bianco putzen, in reichlich kaltem Wasser gründlich waschen und trockenschleudern. Die Blätter nach Belieben in mundgerechte Stücke zupfen. Den Rucola verlesen und grobe Stiele entfernen. Die Blätter waschen und nach Belieben grob hacken.

2 Die Avocado halbieren und den Stein entfernen. Die Avocadohälften schälen, das Fruchtfleisch in kleine Würfel schneiden und mit dem Zitronensaft beträufeln. Die Schalotten schälen und in feine Würfel schneiden.

3 Die Petersilie waschen und trockenschütteln, die Blätter von den Stielen zupfen und fein hacken. Die Scampi in einem Sieb abbrausen und trockentupfen. In einer Pfanne 2 EL Olivenöl erhitzen und die Scampi darin mit der Petersilie von allen Seiten 2 bis 3 Minuten braten.

4 Für die Vinaigrette Essig mit Salz und Pfeffer verrühren, nach und nach das restliche Olivenöl unterschlagen. Orangenschale und Ingwer hinzufügen, etwas ziehen lassen und entfernen. Blattsalate und Rucola mischen, mit der Vinaigrette beträufeln und auf Teller verteilen. Mit Scampi, Avocado und Schalotten anrichten.

Meeresfrüchtesalat
mit Grapefruit

Zutaten

750 g Meeresfrüchte-Mix
(tiefgekühlt; vorgegart)
Saft von 1 Zitrone
2 Kopfsalatherzen
1/2 Bund Frühlingszwiebeln
1 Grapefruit
Salz · Pfeffer aus der Mühle
4 EL Öl
einige Spritzer Tabasco

Zubereitung

FÜR 4 PERSONEN

1 Den Meeresfrüchte-Mix auftauen lassen, in einem Sieb abbrausen und trockentupfen. Die Meeresfrüchte mit Zitronensaft beträufeln.

2 Den Kopfsalat putzen, in reichlich kaltem Wasser gründlich waschen und trockenschleudern. Die Blätter nach Belieben in mundgerechte Stücke zupfen.

3 Die Frühlingszwiebeln putzen, waschen und in feine Ringe schneiden. Die Grapefruit mit einem Messer so großzügig schälen, dass auch die weiße Haut mit entfernt wird. Die Fruchtfilets aus den Trennhäuten herauslösen, dabei den austretenden Saft auffangen.

4 Für die Marinade den Grapefruitsaft mit Salz und Pfeffer verrühren, nach und nach das Öl unterschlagen. Die Marinade mit Tabasco abschmecken.

5 Meeresfrüchte, Salat und Frühlingszwiebeln mit der Marinade vermischen. Die Grapefruitfilets auf dem Salat verteilen und nach Belieben mit frisch gerösteten Toastbrotecken servieren.

Meeresfrüchtesalat
mit Brokkoli und Paprika

Macht munter wie ein Fisch im Wasser: Dieser Meeresfrüchte-Mix mit buntem Gemüse kommt im Asia-Style auf den Tisch

Zutaten

200 g Kabeljaufilet
200 g Tintenfisch (küchenfertig; frisch oder tiefgekühlt)
600 g Miesmuscheln
400 ml Fischfond
600 g Brokkoli · Salz
1 große rote Paprikaschote
2 Frühlingszwiebeln
4 EL Sojasauce
4 EL Zitronensaft
1 TL Rohrzucker
Pfeffer aus der Mühle
2 EL fein gehackter Koriander

Zubereitung

FÜR 4 PERSONEN

1 Das Kabeljaufilet und den Tintenfisch waschen und mit Küchenpapier trockentupfen. Das Fischfilet in Streifen, den Tintenfisch in kleine Stücke schneiden (tiefgekühlten Tintenfisch vorher auftauen lassen). Die Miesmuscheln unter fließendem kaltem Wasser gründlich säubern und die Bärte entfernen, geöffnete Exemplare aussortieren.

2 Den Fischfond in einem Topf aufkochen lassen. Den Kabeljau und den Tintenfisch darin bei schwacher Hitze 2 bis 3 Minuten garen. Anschließend mit einem Schaumlöffel herausnehmen und beiseite stellen. Die Muscheln in den Sud geben und darin zugedeckt 5 Minuten garen, bis sie sich geöffnet haben, dabei den Topf gelegentlich schütteln. Die Muscheln aus dem Sud nehmen und das Muschelfleisch auslösen, geschlossene Muscheln entfernen.

3 Den Brokkoli putzen, waschen und in Röschen teilen. In kochendem Salzwasser etwa 3 Minuten bissfest blanchieren. In ein Sieb abgießen, kalt abschrecken und abtropfen lassen. Die Paprikaschote der Länge nach halbieren, entkernen, waschen und in feine Streifen schneiden. Die Frühlingszwiebeln putzen, waschen und in feine Ringe schneiden.

4 Für die Marinade die Sojasauce mit Zitronensaft, Rohrzucker, Salz und Pfeffer verrühren, zuletzt den Koriander unterrühren. Den Kabeljau, den Tintenfisch, die Muscheln und das Gemüse mit der Marinade vermischen, in Schälchen anrichten und nach Belieben mit Korianderstielen garniert servieren.

Tintenfischsalat
mit Sesamsamen

Ran an die Stäbchen: Überraschen Sie Ihre Gäste mit einer Salatkreation, die ebenso ausgefallen wie unwiderstehlich ist

Zutaten

1 rote Chilischote
1/2 grüne Paprikaschote
50 g Keniabohnen
50 g Zuckerschoten · Salz
je 2 Rotkohl- und Chinakohlblätter
1 Stück Nori-Blatt
einige Minze- und Korianderblätter
1/4 Stängel Zitronengras
1/4 l Reisessig
2 EL Fischsauce
1 EL Limettensaft
Zucker
1 EL Sesamöl
250 g Tintenfisch (küchenfertig)
2 TL Öl
2 EL Erdnüsse
1 EL weiße Sesamsamen

Zubereitung

FÜR 2 PERSONEN

1 Die Chilischote längs halbieren, entkernen, waschen und längs in feine Streifen schneiden. Die Paprikahälfte entkernen, waschen und ebenfalls in feine Streifen schneiden. Die Bohnen und die Zuckerschoten putzen, waschen und in kochendem Salzwasser 4 bis 5 Minuten bissfest blanchieren. In ein Sieb abgießen, kalt abschrecken und abtropfen lassen. Bohnen und Zuckerschoten längs in feine Streifen schneiden.

2 Die Rotkohl- und die Chinakohlblätter waschen, trockentupfen und ebenfalls in feine Streifen schneiden. Das Nori-Blatt in möglichst feine Streifen schneiden. Die Minze- und Korianderblätter waschen, trockentupfen und hacken.

3 Das Zitronengras putzen, waschen und sehr fein hacken. Für die Vinaigrette den Essig mit der Fischsauce, dem Limettensaft, etwas Zucker und dem Zitronengras verrühren, dann das Sesamöl unterschlagen. Die Vinaigrette mit Chili, Paprika, Bohnen, Zuckerschoten, Rot- und Chinakohl, Nori-Blattstreifen sowie Minze- und Korianderblättern vermischen.

4 Den Tintenfisch kalt abbrausen, mit Küchenpapier trockentupfen und in mundgerechte Stücke schneiden. Das Öl in einer Pfanne oder im Wok stark erhitzen und die Tintenfischstücke darin rundum etwa 1 Minute braten.

5 Die Erdnüsse in einer beschichteten Pfanne ohne Fett anrösten und hacken. Die Sesamsamen ebenfalls anrösten. Den Salat auf Tellern anrichten, die gebratenen Tintenfischstücke darauf verteilen und mit den Erdnüssen und den Sesamsamen bestreut servieren.

Muschelsalat

mit Speck und Rucola

Zutaten

200 g Rucola

1 kg Miesmuscheln

300 ml Fischfond

100 g Frühstücksspeck

1 Schalotte

2 Knoblauchzehen

2 EL Butter

Salz · Pfeffer aus der Mühle

1 EL gehackte Petersilie

3 EL Olivenöl

Zubereitung

FÜR 4 PERSONEN

1 Den Rucola verlesen und grobe Stiele entfernen. Die Blätter in reichlich kaltem Wasser gründlich waschen, trockenschleudern und nach Belieben in mundgerechte Stücke zupfen.

2 Die Miesmuscheln unter fließendem kaltem Wasser gründlich säubern und die Bärte entfernen, geöffnete Exemplare aussortieren. Fischfond in einem großen Topf zum Kochen bringen und die Muscheln darin zugedeckt 5 Minuten garen, bis sie sich geöffnet haben, dabei den Topf gelegentlich schütteln. Die Muscheln aus dem Sud nehmen und das Muschelfleisch auslösen, geschlossene Muscheln entfernen.

3 Den Frühstücksspeck in kleine Würfel schneiden. Die Schalotte und den Knoblauch schälen und in feine Würfel schneiden. Die Butter in einer Pfanne zerlassen und die Speckwürfel darin braten. Die Schalotten- und Knoblauchwürfel dazugeben und glasig dünsten. Das Muschelfleisch hinzufügen und 1 bis 2 Minuten mitbraten. Mit Salz und Pfeffer würzen und die Petersilie unterrühren. Den Rucola auf Teller verteilen, das Olivenöl darüber träufeln und die Muscheln mit dem Speck darauf anrichten.

Hähnchensalat
mit Eiernudeln

Zutaten

400 g Möhren
300 g Zuckerschoten · Salz
200 g chinesische Eiernudeln
4 Hähnchenbrustfilets
(ca. 600 g)
Pfeffer aus der Mühle · 4 EL Öl
2 EL weiße Sesamsamen
100 ml Gemüsebrühe
2 EL Weißweinessig
75 ml Sojasauce
2 TL geriebener Ingwer
1 TL Sambal Oelek
Zucker

Zubereitung

FÜR 4 PERSONEN

1 Die Möhren putzen, schälen und in Streifen schneiden. Die Zuckerschoten putzen, waschen und quer halbieren. Die Möhren und die Zuckerschoten in kochendem Salzwasser etwa 3 Minuten bissfest blanchieren. In ein Sieb abgießen, kalt abschrecken und abtropfen lassen.

2 Die Eiernudeln nach Packungsanweisung garen. In ein Sieb abgießen, kalt abschrecken und abtropfen lassen. Die Hähnchenbrustfilets waschen, mit Küchenpapier trockentupfen und mit Salz und Pfeffer würzen.

3 In einer Pfanne 2 EL Öl erhitzen und die Hähnchenfilets darin auf beiden Seiten etwa 5 Minuten braten. Anschließend mit Sesam bestreuen, einige Male in der Pfanne wenden und herausnehmen.

4 Für die Vinaigrette die Brühe mit dem Essig, der Sojasauce, dem Ingwer, dem Sambal Oelek und 1 Prise Zucker verrühren, nach und nach das restliche Öl unterschlagen. Die Vinaigrette mit dem Gemüse und den Nudeln vermischen. Das Fleisch quer in Scheiben schneiden und den Salat mit dem Hähnchenfleisch in Schälchen anrichten.

Gemischter Salat
mit Hähnchenbrust

Edles für die schlanke Linie: Bei einem Salat mit Spargel und Artischocken werden selbst Gemüsemuffel schwach

Zutaten

2 junge, kleine Artischocken
2 EL Zitronensaft
2 Hähnchenbrustfilets (à 150 g)
Salz · Pfeffer aus der Mühle
1 EL Butterschmalz
1 Mini-Romanasalat (oder ein Salatherz)
8 Stangen grüner Spargel
8 kleine fest kochende Kartoffeln (in der Schale gegart)
2 EL Weißweinessig
1/2 TL Senf · Zucker
3 EL Olivenöl

Zubereitung

FÜR 4 PERSONEN

1 Von den Artischocken die Stiele herausdrehen und die unteren Blätter entfernen, die harten Blattspitzen etwas kürzen. In einem Topf Wasser zum Kochen bringen und die Artischocken darin mit dem Zitronensaft 15 bis 20 Minuten garen. Mit einem Schaumlöffel herausnehmen, abtropfen und etwas abkühlen lassen. Die Artischocken längs vierteln.

2 Die Hähnchenbrustfilets waschen, mit Küchenpapier trockentupfen und mit Salz und Pfeffer würzen. Das Butterschmalz in einer Pfanne zerlassen und die Hähnchenbrustfilets darin bei mittlerer Hitze auf beiden Seiten 5 bis 6 Minuten braten.

3 Den Romanasalat putzen, in reichlich kaltem Wasser gründlich waschen und trockenschleudern. Die Blätter nach Belieben in mundgerechte Stücke zupfen.

4 Den Spargel waschen und im unteren Drittel schälen, holzige Enden kürzen. Die Spargelstangen in kochendem Salzwasser etwa 10 Minuten garen. In ein Sieb abgießen, kalt abschrecken und abtropfen lassen. Die Kartoffeln quer halbieren.

5 Für die Vinaigrette den Essig mit dem Senf, 1 Prise Zucker, Salz und Pfeffer verrühren, nach und nach das Olivenöl unterschlagen. Artischocken, Salatblätter, Spargel und Kartoffeln auf Tellern anrichten, das Hähnchenfleisch quer in dicke Scheiben schneiden und dazu servieren. Den Salat mit der Vinaigrette beträufeln.

Tipp

Artischocken bekommt man ganzjährig im Handel, besonders günstig sind sie im Frühsommer und Spätherbst. Wenn es einmal schnell gehen muss, können Sie Artischocken aus dem Glas verwenden.

Chicoréesalat
mit Hähnchen und Erdbeeren

Die pure Verführung: Bitter-zarter Chicorée und süße Erdbeeren sind der ideale Auftakt zu einem romantischen Dinner

Zutaten

2 Hähnchenbrustfilets (à ca. 160 g)
Salz · Cayennepfeffer
1 EL Honig
2 EL Sesamöl
300 g weißer Spargel
3 EL Weißweinessig
Zucker · 6–8 EL Öl
4 EL Butter
4 Stauden Chicorée (à ca. 100 g)
300 g Erdbeeren

Zubereitung

FÜR 4 PERSONEN

1 Die Hähnchenbrustfilets waschen, mit Küchenpapier trockentupfen und mit Salz und Cayennepfeffer würzen. Den Honig mit dem Sesamöl zu einer Marinade verrühren, die Hähnchenbrustfilets darin wenden und etwas durchziehen lassen.

2 Den Spargel schälen und holzige Enden kürzen. Die Spargelstangen schräg in 1/2 cm dicke Scheiben schneiden und in reichlich kochendem Salzwasser etwa 12 Minuten garen. In ein Sieb abgießen, kalt abschrecken und abtropfen lassen.

3 Für die Vinaigrette den Essig mit je 1 Prise Salz und Zucker verrühren, nach und nach das Öl unterschlagen. Spargelscheiben mit der Vinaigrette vermischen und durchziehen lassen.

4 Die Butter in einer Pfanne zerlassen und die Hähnchenbrustfilets darin auf beiden Seiten 2 Minuten anbraten. Die Hitze reduzieren und die Filets 8 bis 10 Minuten fertig garen, dabei gelegentlich wenden.

5 Den Chicorée putzen, in reichlich kaltem Wasser gründlich waschen und trockenschleudern. Die Blätter in breite Streifen schneiden. Die Erdbeeren waschen, putzen und vierteln.

6 Den Chicorée mit den Erdbeeren auf Tellern anrichten, den Spargel mit der Vinaigrette dazugeben. Die marinierten Hähnchenbrustfilets quer in Scheiben schneiden und auf dem Salat anrichten. Nach Belieben geröstete Baguettescheiben dazu servieren.

Zucchini-Melonen-Salat
mit Putenbrust

Kleiner Aufwand, große Wirkung: Melonenkugeln sorgen in diesem Salat für leichte Süße und unvergleichliche Frische

Zutaten

200 g Feldsalat
400 g Zucchini
2 Möhren
1 Honigmelone
250 g Maiskörner (aus der Dose)
150 g geräucherte Putenbrust (in dünnen Scheiben)
2–3 Stiele Estragon
1 Eigelb · 100 ml Öl
4 EL Orangensaft
Salz · Pfeffer aus der Mühle

Zubereitung

FÜR 4 PERSONEN

1 Den Feldsalat putzen, in reichlich kaltem Wasser gründlich waschen und trockenschleudern. Die Zucchini putzen, waschen und in feine Scheiben schneiden.

2 Die Möhren putzen, schälen und auf der Gemüsereibe grob raspeln. Die Melone halbieren und entkernen, mit einem Kugelausstecher aus dem Fruchtfleisch kleine Kugeln ausstechen.

3 Den Mais in ein Sieb abgießen und abtropfen lassen. Die Putenbrust in Streifen schneiden. Den Estragon waschen und trockenschütteln, die Blättchen von den Stielen zupfen und fein hacken.

4 Für die Mayonnaise das Eigelb in einer Schüssel mit dem Handrührgerät cremig rühren. Das Öl zuerst tröpfchenweise, dann in dünnem Strahl dazugeben, dabei ständig weiterrühren, bis eine feste Mayonnaise entsteht. Den Orangensaft und den Estragon unterrühren und mit Salz und Pfeffer würzen.

5 Feldsalat, Zucchini, Möhren und Melonenkugeln mit dem Mais und den Putenbruststreifen auf Tellern oder in Schälchen anrichten. Den Salat mit der Mayonnaise beträufeln, nach Belieben mit Estragon und gelben Löwenzahnblättern garnieren.

Tipp

Wer die Mayonnaise nicht selbst zubereiten möchte, kann entweder fertige Salatmayonnaise verwenden oder das Dressing stattdessen mit 3 EL fettarmem Joghurt und 1 EL Öl anrühren.

Geflügelsalat
mit Chicorée

Zutaten

300 g Putenbrustfilet

1–2 EL Öl

Salz · Pfeffer aus der Mühle

4 EL Zitronensaft

Paprikapulver (edelsüß)

4 Stauden Chicorée

4 Orangen

Zubereitung

FÜR 4 PERSONEN

1 Die Putenbrust waschen, trockentupfen und in Würfel schneiden. Das Öl in einer Pfanne erhitzen, die Putenwürfel darin 5 Minuten goldbraun braten und mit Salz und Pfeffer würzen.

2 Für die Marinade den Zitronensaft mit Salz, Pfeffer und 1 Prise Paprika gut verrühren. Die Putenbrust mit der Marinade beträufeln und 15 Minuten ziehen lassen.

3 Den Chicorée putzen und in reichlich kaltem Wasser gründlich waschen. Den unteren Teil der Stauden in Scheiben schneiden und die oberen Chicoréeblätter auf Tellern oder in Schälchen anrichten.

4 Die Orangen mit einem scharfen Messer so großzügig schälen, dass auch die weiße Haut mit entfernt wird. Die Fruchtfilets aus den Trennhäuten herauslösen.

5 Die Putenbrust in kleine Würfel schneiden und mit den Chicoréescheiben und den Orangenfilets mischen. Mit Salz, Pfeffer und Paprika würzen und auf die Chicoréeblätter verteilen.

Spargelsalat
mit Roastbeef

Zutaten

1,2 kg weißer Spargel · Salz
1 EL Butter
3 EL Zitronensaft
1 TL Zucker
1 Bund Radieschen
1 Apfel
1 Bund Frühlingszwiebeln
2 EL Obstessig
1 EL Senf · 1 TL Apfeldicksaft
Pfeffer aus der Mühle
6 EL Öl · 1 Bund Schnittlauch
250 g Roastbeef (in Scheiben)
1 EL Kürbiskernöl

Zubereitung

FÜR 4 PERSONEN

1 Den Spargel schälen und holzige Enden kürzen. Die Spargelstangen in einem Topf in reichlich kochendem Salzwasser mit der Butter, 1 EL Zitronensaft und dem Zucker 15 bis 18 Minuten garen. In ein Sieb abgießen, kalt abschrecken, abtropfen und etwas abkühlen lassen.

2 Die Radieschen putzen, waschen und längs vierteln. Den Apfel waschen, vierteln und das Kerngehäuse entfernen, die Apfelviertel in dünne Spalten schneiden. Die Frühlingszwiebeln putzen, waschen und in feine Ringe schneiden.

3 Für die Vinaigrette den restlichen Zitronensaft mit Essig, Senf, Apfeldicksaft, Salz und Pfeffer verrühren. Nach und nach das Öl unterschlagen und nochmals abschmecken. Den Schnittlauch waschen und trockenschütteln.

4 Den Spargel schräg halbieren und mit Radieschen, Apfelspalten, Frühlingszwiebeln und Roastbeef auf Tellern oder in Schälchen anrichten. Den Salat mit der Vinaigrette und dem Kürbiskernöl beträufeln und mit Schnittlauchhalmen und nach Belieben Frühlingszwiebelblättern garnieren.

Feldsalat
mit Entenleber

Ein Klassiker wird variiert: Feldsalat mit gebratener Entenleber bekommt durch Feigen und Rhabarber Aroma und neue Raffinesse

Zutaten

300 g Feldsalat
2 Stangen Rhabarber
Zucker
250 g Entenleber
4 EL Olivenöl
Salz · Pfeffer aus der Mühle
2 Feigen
2 EL Aceto balsamico

Zubereitung

FÜR 4 PERSONEN

1 Den Feldsalat putzen, in reichlich kaltem Wasser gründlich waschen und trockenschleudern. Den Rhabarber putzen, waschen und holzige Enden kürzen. Die Rhabarberstangen in kleine Stücke schneiden. In einem Topf Wasser mit etwas Zucker zum Kochen bringen und den Rhabarber darin etwa 4 Minuten bissfest blanchieren. In ein Sieb abgießen, kalt abschrecken und abtropfen lassen.

2 Die Entenleber waschen und mit Küchenpapier trockentupfen. In einer Pfanne 1 EL Olivenöl erhitzen und die Entenleber darin rundum 3 Minuten goldbraun braten. Mit Salz und Pfeffer würzen und quer in Scheiben schneiden.

3 Die Feigen waschen und in breite Spalten schneiden. Für die Vinaigrette den Essig mit Salz und Pfeffer verrühren, nach und nach das restliche Olivenöl unterschlagen.

4 Den Feldsalat mit dem Rhabarber, der Entenleber und den Feigen anrichten und mit der Vinaigrette beträufeln.

Tipp

Sie können den Salat statt mit Leber auch mit Entenbrustfilet veredeln: Dafür von 300 g Filet die Haut samt Fett abziehen und das Filet in Streifen schneiden. In Öl etwa 3 Minuten rundum braten.

Rucolasalat

mit Entenbrust

Außen kross und innen saftig: Das beste Stück von der Ente wird mit aromatischen Tomaten und nussigem Rucola ein Fest für Schlemmer

Zutaten

400 g Entenbrustfilet

Salz · Pfeffer aus der Mühle

240 g Rucola

250 g Cocktailtomaten

1 Knoblauchzehe

3 EL Aceto balsamico

Zucker

3 EL Olivenöl

40 g Parmesan (am Stück)

Zubereitung

FÜR 4 PERSONEN

1 Die Entenbrust waschen und mit Küchenpapier trockentupfen. Die weiße Haut der Entenbrust rautenförmig einschneiden und mit Salz und Pfeffer würzen. Eine beschichtete Pfanne ohne Fett heiß werden lassen. Die Entenbrust mit der Hautseite nach unten in die Pfanne legen und bei schwacher bis mittlerer Hitze 15 Minuten braten. Anschließend wenden und weitere 5 Minuten braten.

2 Den Rucola verlesen und grobe Stiele entfernen. Die Blätter in reichlich kaltem Wasser gründlich waschen, trockenschleudern und nach Belieben in mundgerechte Stücke zupfen. Die Cocktailtomaten waschen und vierteln. Den Knoblauch schälen und fein hacken.

3 Für die Vinaigrette den Essig mit 1 EL ausgetretenem Entenfett, Salz, Pfeffer und Zucker verrühren. Nach und nach das Olivenöl unterschlagen und den Knoblauch dazugeben.

4 Die Entenbrust schräg in dünne Scheiben schneiden und mit dem Rucola und den Cocktailtomaten auf Tellern anrichten. Den Salat mit der Vinaigrette beträufeln. Den Parmesan mit dem Sparschäler in feinen Spänen darüber hobeln. Nach Belieben mit frischem Weißbrot servieren.

Tipp

Für die Vinaigrette 1 EL Olivenöl durch 1 EL Kürbiskernöl ersetzen – das gibt ein feines Nussaroma. Nach Belieben 2 EL Kürbiskerne in einer Pfanne ohne Fett anrösten und über den Salat streuen.

Thaisalat
mit Roastbeef

Zutaten

500 g Roastbeef

1 EL Butterschmalz

ca. 300 g gemischter Salat

(z. B. Spinat, Rucola, Sprossen,

Paprikaschoten, Thaibasilikum)

100 g Cashewkerne

2 rote Chilischoten

1 Knoblauchzehe

6 EL Zitronensaft

je 1 TL Soja- und Fischsauce

1 TL Zucker

1 TL geriebener Ingwer

Salz · Pfeffer aus der Mühle

6 EL Olivenöl · 1 TL Sesamöl

Zubereitung

FÜR 4 PERSONEN

1 Das Roastbeef von Sehnen und Haut befreien. Das Butterschmalz in einer Pfanne erhitzen und das Roastbeef darin etwa 20 Minuten braten, dabei häufiger wenden. Das Fleisch anschließend in Alufolie wickeln und etwa 5 Minuten ruhen lassen.

2 Die Salate putzen oder verlesen, in reichlich kaltem Wasser gründlich waschen, trockenschleudern und in mundgerechte Stücke zerteilen. Die Cashewkerne in einer beschichteten Pfanne ohne Fett anrösten und grob hacken.

3 Für die Marinade die Chilischoten längs halbieren, entkernen, waschen und fein schneiden. Den Knoblauch schälen und fein hacken. Chili und Knoblauch mit Zitronensaft, Soja- und Fischsauce, Zucker und Ingwer verrühren und mit Salz und Pfeffer würzen. Nach und nach das Oliven- und das Sesamöl unterschlagen. Die Hälfte der Marinade gut mit dem Salat vermischen und auf einer Platte anrichten.

4 Das Roastbeef quer zur Faser in dünne Scheiben schneiden und auf dem Salat verteilen. Mit der restlichen Marinade beträufeln und mit den Cashewkernen bestreuen.

Wildsalat

mit Birnen und Pinienkernen

Zutaten

300 g Hasenfilet
Salz · Pfeffer aus der Mühle
4 EL Öl · 4 EL Wildfond
2 Birnen (nicht zu weich)
2 cl roter Portwein
50 g Pinienkerne
100 g Knollensellerie
100 g Feldsalat
Für die Vinaigrette:
1 EL Aceto balsamico
2 EL Rotweinessig
Salz · Pfeffer aus der Mühle
3 EL Öl
2 EL Walnussöl

Zubereitung

FÜR 4 PERSONEN

1 Das Hasenfilet waschen und mit Küchenpapier trockentupfen, mit Salz und Pfeffer würzen. In einer Pfanne 2 EL Öl erhitzen und das Fleisch darin von allen Seiten 3 bis 5 Minuten scharf anbraten. Das Fleisch anschließend in Alufolie wickeln und ruhen lassen. Den Bratensatz mit dem Wildfond ablöschen und in eine Schüssel gießen.

2 Die Birnen schälen, halbieren, entkernen und längs in schmale Spalten schneiden. Das restliche Öl in der Pfanne erhitzen und die Birnen darin anbraten. Mit dem Portwein ablöschen, kurz aufkochen lassen und vom Herd nehmen.

3 Die Pinienkerne in einer beschichteten Pfanne ohne Fett anrösten. Den Sellerie putzen, schälen und erst in Scheiben, dann in feine Streifen schneiden. Den Feldsalat putzen, in reichlich kaltem Wasser waschen, trockenschleudern und auf Teller verteilen. Für die Vinaigrette alle Zutaten verrühren und den Bratenfond unterrühren. Das Hasenfilet schräg in dünne Scheiben schneiden und mit den Birnen auf dem Feldsalat anrichten. Mit Sellerie und Pinienkernen bestreuen und mit der Vinaigrette beträufeln.

Rindfleischsalat
mit Gurken und Tomaten

Some like it hot: Diese Salatkreation vereint gebratenes Beef, Tomaten und Gurken mit dem Pep scharfer Chilischoten

Zutaten

3 Beefsteaks (à ca. 150 g)

Salz · Pfeffer aus der Mühle

4 EL Öl · 6 EL Sojasauce

6 Tomaten (500 g)

1 Salatgurke

1 rote Chilischote

1 Bund Frühlingszwiebeln

2 Knoblauchzehen

Saft von 2 Limetten

Zubereitung

FÜR 4 PERSONEN

1 Die Beefsteaks waschen, mit Küchenpapier trockentupfen und mit Salz und Pfeffer würzen. In einer Pfanne 1 EL Öl erhitzen und die Steaks darin auf beiden Seiten 2 bis 3 Minuten braten. Herausnehmen und einige Minuten ruhen lassen. Anschließend das Fleisch in sehr dünne Scheiben schneiden. Den Bratensatz mit der Sojasauce ablöschen, aufkochen lassen und beiseite stellen.

2 Die Tomaten waschen, achteln und entkernen, dabei die Stielansätze entfernen. Die Gurke putzen, waschen und in dünne Scheiben schneiden. Die Chilischote längs halbieren, entkernen, waschen und in feine Würfel schneiden. Tomaten, Gurke, Chili und Fleischscheiben in einer großen Schüssel mischen.

3 Die Frühlingszwiebeln putzen, waschen und schräg in Ringe schneiden. Den Knoblauch schälen und fein hacken. Die Frühlingszwiebeln und den Knoblauch in die Schüssel geben.

4 Für die Marinade den Sojasaucensud mit dem Limettensaft verrühren, nach und nach das restliche Öl unterschlagen. Die Marinade über den Salat träufeln, gut untermischen und den Salat nochmals abschmecken. Nach Belieben mit Schnittknoblauch und Korianderblättern garnieren.

Tipp

Achtung, feurig! Chilischoten enthalten ätherische Öle, die zwar den Salat pikant würzen, aber nicht in die Augen geraten sollten. Beim Schneiden am besten Einweghandschuhe tragen.

Obstsalate

Honigmelone
mit Birnen-Orangen-Salat

Mit Leichtigkeit genießen: Auch wenn eigentlich gar nichts mehr geht, hören Sie bei dieser Fruchtbombe garantiert kein Nein

Zutaten

1 kleine Honigmelone
2 Birnen
1 Orange
150 g Naturjoghurt
1 TL Honig
Zimtpulver

Zubereitung

FÜR 2 PERSONEN

1 Die Melone halbieren und entkernen. Die Birnen waschen, vierteln und die Kerngehäuse entfernen. Die Birnenviertel in kleine Spalten schneiden.

2 Die Orange mit einem scharfen Messer so großzügig schälen, dass auch die weiße Haut mit entfernt wird. Die Fruchtfilets aus den Trennhäuten herauslösen, dabei den austretenden Saft auffangen.

3 Für das Dressing den Joghurt mit dem Orangensaft, dem Honig und etwas Zimt in einer kleinen Schüssel glatt rühren.

4 Zum Servieren die Birnenspalten und die Orangenfilets auf die entkernten Melonenhälften verteilen und mit dem Dressing beträufeln.

Tipp

Zum Süßen können Sie statt Honig auch Agavensirup verwenden – er lässt sich besonders gut mit dem Joghurt verrühren. Wer mag, kann noch 1 EL Kokosflocken mit unter das Dressing rühren.

Ananassalat
mit Melone

Ein goldenes Trio: Duftende Honigmelone, süße Ananas und knuspriger Sesamkrokant bringen Süßmäuler zum Strahlen

Zutaten

1 TL Öl
60 g Zucker
60 g weiße Sesamsamen
1 Honigmelone
1 Ananas
2 EL weißer Rum (ersatzweise weißer Traubensaft)
1 EL Honig
Saft von 1 Zitrone

Zubereitung

FÜR 4 PERSONEN

1 Ein Backblech mit Alufolie auslegen und die Folie mit dem Öl einfetten. Den Zucker mit 4 EL Wasser in einem Topf erhitzen und bei starker Hitze unter Rühren hellgelb karamellisieren lassen. Den Sesam unterrühren und die Masse weiter karamellisieren lassen, bis sie goldbraun ist. Die Sesam-Karamell-Masse auf dem Backblech verstreichen und auskühlen lassen.

2 Die Melone vierteln, entkernen und schälen. Das Melonenfruchtfleisch in mundgerechte Stücke schneiden.

3 Die Ananas putzen, schälen und längs halbieren. Den harten Strunk entfernen und das Fruchtfleisch ebenfalls in mundgerechte Stücke schneiden. Mit den Melonenstücken in einer Schüssel vermischen.

4 Für die Marinade den Rum mit dem Honig und dem Zitronensaft verrühren. Die Marinade mit den Früchten vermischen und den Ananassalat einige Minuten ziehen lassen.

5 Vom Sesamkrokant vier größere Stücke abbrechen, den restlichen Krokant fein hacken. Den Ananassalat in Schälchen anrichten, mit dem gehackten Krokant bestreuen und mit den Krokantplätzchen servieren.

Tipp

Wenn es einmal schnell gehen soll, können Sie statt des selbst gemachten Sesamkrokants auch fertig gekauften Honig-Sesam-Krokant aus dem Reformhaus verwenden.

Fruchtsalat
mit Vanillesirup

Zutaten

2 kleine Ogen-Melonen

1 Baby-Ananas

1 große Orange

je 100 g Erdbeeren und Physalis (Kapstachelbeeren)

2 Vanilleschoten

75 g Zucker

2 EL Zitronensaft

Salz

Zubereitung

FÜR 4 PERSONEN

1 Die Melonen halbieren und entkernen, aus dem Fruchtfleisch mit einem Kugelausstecher Kugeln ausstechen. Das restliche Fruchtfleisch aus der Schale lösen.

2 Die Ananas putzen, schälen und längs halbieren. Den Strunk entfernen und das Fruchtfleisch in Stücke schneiden. Die Orange mit einem scharfen Messer so großzügig schälen, dass auch die weiße Haut mit entfernt wird. Die Filets aus den Trennhäuten herauslösen und in kleine Stücke schneiden, den austretenden Saft auffangen.

3 Die Erdbeeren waschen, putzen und vierteln. Die Physalis waschen und trockentupfen. Einige Physalis ganz lassen, den Rest in Scheiben schneiden. Alle Früchte in einer Schüssel mischen und mit dem Orangensaft beträufeln.

4 Die Vanilleschoten längs aufschneiden und das Mark herauskratzen. Die Schoten und das Mark mit 175 ml Wasser, Zucker, Zitronensaft und 1 Prise Salz aufkochen und bei starker Hitze 5 Minuten sirupartig einkochen. Den heißen Sirup mit den Schoten über die Früchte gießen, mindestens 1 Stunde kühl stellen. Den Salat zum Servieren auf die Melonenschalen verteilen.

Orangensalat
mit Honigsauce

Zutaten

5 Orangen
(davon 1 unbehandelt)
100 g Mandelblättchen
150 g Honig
4 cl Amaretto
(ital. Mandellikör)

Zubereitung

FÜR 4 PERSONEN

1 Die unbehandelte Orange heiß waschen und trockenreiben. Die Schale mit dem Sparschäler dünn abschälen und in feine Streifen schneiden. Die Orange halbieren und auspressen. Die restlichen Orangen mit einem scharfen Messer so großzügig schälen, dass auch die weiße Haut mit entfernt wird. Die Orangen quer in dünne Scheiben schneiden und auf Tellern anrichten.

2 Die Mandeln in einer beschichteten Pfanne ohne Fett anrösten. Den Honig in einem Topf mit dem Orangensaft erhitzen. Die Orangenschalen dazugeben und die Honigsauce etwa 5 Minuten köcheln lassen. Dann die Mandelblättchen und den Amaretto unterrühren.

3 Zum Servieren die Honigsauce mit den Orangenstreifen und den Mandeln über die Orangenscheiben träufeln.

Exotischer Obstsalat
mit Ananas und Litschi

Frisch, gesund und voller Aroma: Fast alles, was der Obststand hergibt, wird hier zu einer fruchtigen Komposition arrangiert

Zutaten

1 kleine Ananas

$1/2$ Honigmelone

je 80 g helle und blaue Trauben

2 Kiwis · 2 Orangen

1 Grapefruit

230 g Litschis (aus der Dose)

2 cl Orangenlikör (z. B. Grand Marnier)

1 Päckchen Vanillezucker

Zubereitung

FÜR 4 PERSONEN

1 Die Ananas putzen, schälen und längs halbieren. Den harten Strunk entfernen und das Fruchtfleisch in kleine Würfel schneiden.

2 Die Melonenhälfte entkernen, schälen und das Fruchtfleisch in mundgerechte Stücke schneiden. Die Trauben waschen. Die Kiwis schälen und in kleine Würfel schneiden.

3 Die Orangen und die Grapefruit mit einem scharfen Messer so großzügig schälen, dass auch die weiße Haut mit entfernt wird. Die Fruchtfilets aus den Trennhäuten herauslösen und in kleine Stücke schneiden, dabei den austretenden Saft der Orangen auffangen. Alle Früchte in eine Schüssel geben.

4 Die Litschis in ein Sieb abgießen, abtropfen lassen und in die Schüssel geben. Für die Marinade den Orangensaft mit dem Orangenlikör und dem Vanillezucker verrühren. Die Marinade über den Obstsalat träufeln und alles vorsichtig vermischen. Den Salat nach Belieben mit Minzeblättern garnieren.

Tipp

Das Obst kann nach Lust und Laune variiert werden: Mischen Sie doch einmal Mango- oder Papayawürfel unter den Salat. Ein besonders dekoratives Highlight sind aufgeschnittene Sternfrüchte.

Melonensalat
mit Trauben und Pecorino

Gesucht und gefunden: Süße Honigmelone, fruchtige Trauben und pikanter Käse verschmelzen hier zu einer wahren Gaumenfreude

Zutaten

1 Honigmelone (ca. 900 g)
3 EL Aceto balsamico
3 EL Zitronensaft
2 EL Waldhonig
2 EL Traubenkernöl
2 TL getrocknete rosa Pfefferbeeren
je 80 g helle und blaue Trauben
80 g junger Pecorino (am Stück)

Zubereitung

FÜR 4 PERSONEN

1 Die Melone vierteln, entkernen und schälen. Das Fruchtfleisch der Länge nach in sehr feine Spalten schneiden und auf großen Tellern anrichten.

2 Für die Vinaigrette den Essig mit dem Zitronensaft und dem Honig verrühren, zuletzt das Traubenkernöl unterschlagen. Die Vinaigrette über die Melonen träufeln.

3 Die Pfefferbeeren grob zerdrücken. Die Trauben waschen und halbieren, nach Belieben die Kerne entfernen.

4 Die Traubenhälften auf dem Melonensalat verteilen und den Pecorino mit dem Sparschäler in feinen Spänen darüber hobeln. Den Salat mit den zerdrückten Pfefferbeeren bestreuen und nach Belieben mit Minzeblättern garniert servieren.

Tipp

Pecorino stammt meist aus Sardinien, Sizilien oder der Toskana. Er wird aus Schafsmilch hergestellt und muss etwa 8 Monate reifen. Sein Geschmack ist sehr würzig und pikant.

Beerensalat
mit Cassislikör

Zutaten

125 g Rote Johannisbeeren
100 g Schwarze Johannisbeeren
je 250 g Erdbeeren und Himbeeren
125 g Brombeeren
2 EL schwarzes Johannisbeergelee
3–4 EL Cassislikör (ersatzweise Johannisbeersaft)
Saft von 1 Orange
1 EL Puderzucker
Minzeblätter zum Garnieren

Zubereitung

FÜR 4 PERSONEN

1 Die Johannisbeeren waschen und von den Rispen streifen. Die Erdbeeren waschen, putzen und halbieren. Die Him- und Brombeeren verlesen, waschen und trockentupfen.

2 Für die Marinade das Johannisbeergelee mit dem Cassislikör und dem Orangensaft in einer Schüssel glatt rühren.

3 Die vorbereiteten Beeren in einer Schüssel vorsichtig mischen. Die Marinade über die Beeren geben und locker untermischen. Die marinierten Beeren etwa 30 Minuten durchziehen lassen.

4 Den Beerensalat auf Teller verteilen, mit dem Puderzucker bestäuben und mit Minzeblättern garnieren.

Herbstlicher Fruchtsalat
mit Walnüssen

Zutaten

je 150 g helle und blaue Trauben
250 g Zwetschgen
je 2 kleine Äpfel und Birnen
2 EL Preiselbeerkonfitüre
100 ml Sherry (medium)
50 g Walnusskernhälften

Zubereitung

FÜR 4 PERSONEN

1 Die Trauben waschen und halbieren, nach Belieben die Kerne entfernen. Die Zwetschgen waschen, halbieren und den Stein entfernen, das Fruchtfleisch in Spalten schneiden.

2 Äpfel und Birnen halbieren, schälen und die Kerngehäuse entfernen. Die Apfel- und Birnenhälften in Spalten schneiden. Alle Früchte in eine große Schüssel geben.

3 Für die Marinade die Preiselbeerkonfitüre durch ein Sieb streichen und mit dem Sherry in einer Schüssel glatt rühren.

4 Die Marinade mit den Früchten vermischen und etwa 30 Minuten ziehen lassen. Den Fruchtsalat auf Teller verteilen und mit den Walnüssen bestreut servieren.

Kiwi-Ananas-Salat
mit Mandelquark

Happen für Happen köstlich: Die Königin der Tropenfrüchte dient hier als Schale für ein leichtes Sommerdessert

Zutaten

4 Kiwis

1 kleine Ananas

200 g blaue Trauben

6 EL Limettensaft

250 g Speisequark

4 EL Ahornsirup

6 EL grob gehackte Mandeln

Zubereitung

FÜR 4 PERSONEN

1 Die Kiwis schälen und in kleine Würfel schneiden. Die Ananas längs vierteln, den harten Strunk entfernen und das Fruchtfleisch aus der Schale lösen, die Schalenviertel beiseite legen. Das Ananasfruchtfleisch in kleine Würfel schneiden.

2 Die Trauben waschen und halbieren, nach Belieben die Kerne entfernen. Die Kiwis, die Ananas und die Trauben in einer Schüssel mit 4 EL Limettensaft vermischen. Den restlichen Limettensaft mit dem Quark und dem Ahornsirup verrühren.

3 Die Mandeln in einer beschichteten Pfanne ohne Fett anrösten. Drei Viertel der Mandeln unter den Limettenquark rühren.

4 Zum Servieren jeweils etwas Mandelquark auf die Ananasschalen geben, den Kiwi-Ananas-Salat darauf verteilen und mit den restlichen gerösteten Mandeln bestreuen.

Tipp

Ahornsirup ist eingedickter Saft des Zuckerahorns. Sein karamellartiges Aroma passt gut zu Pfannkuchen, Eis und Süßspeisen. Falls Sie keinen bekommen, können Sie stattdessen Honig verwenden.

Kiwi-Feigen-Salat
mit Dattel-Bananen-Mus

Genießen wie in 1001 Nacht: Zu Feigen, Kiwis, Nektarinen und Mandeln wird ein raffiniertes Mus aus Datteln und Bananen serviert

Zutaten

je 4 Feigen und Kiwis
2 Nektarinen
100 ml roter Johannisbeersaft
1 EL grob gehackte Mandeln
einige Minzezweige
4 Datteln
1 Banane

Zubereitung

FÜR 4 PERSONEN

1 Die Feigen waschen und vierteln. Die Kiwis schälen und quer in Scheiben schneiden. Die Kiwischeiben auf Tellern leicht überlappend kreisförmig anrichten und die Feigenviertel darauf setzen.

2 Die Nektarinen waschen, halbieren und den Stein entfernen. Das Fruchtfleisch in schmale Spalten schneiden.

3 Den Johannisbeersaft in einem Topf sirupartig einkochen lassen. Die Nektarinenspalten und die Mandeln unterrühren und den Sirup aufkochen lassen. Den Sirup, die Nektarinen und die Mandeln auf den Kiwischeiben verteilen. Den Salat mit Minzezweigen garnieren.

4 Die Datteln halbieren, den Stein entfernen und das Fruchtfleisch sehr fein hacken. Die Banane schälen, mit einer Gabel zerdrücken und unter das Dattelmus heben. Das Mus zu dem Fruchtsalat servieren.

Tipp

Feigen sind hierzulande vor allem getrocknet bekannt – dann schmecken sie nach Honig. Frische Feigen haben ein weiches, aromatisch süßes Fruchtfleisch.

Fruchtsalat

mit Sonnenblumenkernen

Zutaten

2 TL Jasminteeblätter

3 EL Honig

4 EL Sake (japanischer Reiswein)

1 mittelgroße Wassermelone

4 Kiwis

10 frische Litschis

2 EL Sonnenblumenkerne

Zubereitung

FÜR 4 PERSONEN

1 Für die Marinade 300 ml Wasser in einem Topf aufkochen, Jasmintee, Honig und Sake dazugeben. Etwa 2 Minuten köcheln lassen, vom Herd nehmen und abkühlen lassen.

2 Die Melone halbieren und entkernen, mit einem Kugelausstecher aus dem Fruchtfleisch Kugeln ausstechen. Die Kiwis schälen und quer in Scheiben schneiden. Die Litschis schälen und entkernen.

3 Die Melone, die Kiwis und die Litschis in einer Schüssel mischen und die Marinade durch ein Sieb über die Früchte gießen. Die Früchte zugedeckt etwa 8 Stunden in der Marinade ziehen lassen, dabei gelegentlich umrühren.

4 Die Sonnenblumenkerne in einer beschichteten Pfanne ohne Fett leicht anrösten. Den Fruchtsalat in Schälchen anrichten, mit den Sonnenblumenkernen bestreuen und nach Belieben mit etwas frisch geschlagener Sahne servieren.

Bunter Obstsalat
mit Bananensauce

Zutaten

2 säuerliche Äpfel
(z.B. Boskoop)
2 EL Zitronensaft · 1 Orange
2 Nektarinen
125 g helle Trauben
1 Banane
2 EL Honig
2 Kiwis
150 g Erdbeeren
100 g Walnusskernhälften
1 EL Puderzucker

Zubereitung

FÜR 4 PERSONEN

1 Die Äpfel vierteln, schälen und die Kerngehäuse entfernen. Die Apfelviertel in mundgerechte Stücke schneiden und sofort mit 1 EL Zitronensaft beträufeln.

2 Die Orange mit einem scharfen Messer so großzügig schälen, dass auch die weiße Haut mit entfernt wird. Die Filets aus den Trennhäuten herauslösen und dabei den austretenden Saft auffangen, die Orangenreste auspressen. Nektarinen waschen, halbieren, den Stein entfernen und das Fruchtfleisch in Spalten schneiden.

3 Die Trauben waschen und halbieren, nach Belieben die Kerne entfernen. Die Banane schälen und mit dem Honig, dem Orangen- und dem restlichen Zitronensaft mit dem Stabmixer pürieren.

4 Die Früchte in einer Schüssel mischen und die Bananensauce darüber geben. Die Kiwis schälen und in Spalten schneiden. Die Erdbeeren waschen, putzen und halbieren. Die Walnüsse grob hacken, mit den Kiwis und den Erdbeeren zum Obstsalat geben. Den Salat auf Schälchen verteilen, mit dem Puderzucker bestäuben und nach Belieben mit Orangenzesten garnieren.

Rezeptregister

Impressum

10. Auflage 2013
ISBN 978-3-89883-144-4

Grafische Gestaltung: Georg Feigl
Rezepte: ZS-Team
Redaktion: Alexandra Schlinz, Kathrin Ullerich
Herstellung: Karin Mayer, Peter Karg-Cordes
Lithografie: Christine Rühmer
Druck & Bindung in Italien

Bildnachweis

Umschlagfotos: Susie Eising (Vorderseite); StockFood/S. & P. Eising (Rückseite oben und Mitte); StockFood/Food-Photography Eising (Rückseite unten)

StockFood/Uwe Bender: 2–3, 16, 27, 91, 107; StockFood/Harry Bischof: 7 (oben links, 1. und 2. von unten links); StockFood/Michael Boyny: 21, 70, 75; StockFood/Caggiano Photography: 59; StockFood/James Carrier Photography: 10–11, 19; StockFood/Jean Cazals: 33, 48, 49, 89, 93, 104, 126; StockFood/James Duncan: 17, 43; StockFood/Pete A. Eising: 84, 85, 87, 119; StockFood/Susie Eising: 1, 6 rechts, 8, 9, 13, 15, 28, 29, 34, 65, 66, 67, 78–79, 81, 99, 101, 103, 105, 108–109, 114, 120, 121, 127; StockFood/S. & P. Eising: 4–5, 7 (2. von oben links), 23, 35, 39, 51, 62, 63, 71, 77, 98, 117, 123, 125; StockFood/FoodPhotography Eising: 22, 37, 41, 45, 52–53, 57, 69, 83, 95, 97, 111, 113; StockFood/Ian Garlic: 55, 61, 73; StockFood/Drool Ltd., William Lingwood: 90; StockFood/David Loftus: 31, 47; StockFood/Louise Lister: 25; StockFood/Len Mastri: 58; StockFood/Antje Plewinski: 42; StockFood/Jörn Rynio: 115; StockFood/Scherer: 7 (Mitte und oben rechts); StockFood/Maximilian Stock Ltd.: 6 links